FINE MANAGEMENT OF
"THREE INTELLIGENT INNOVATION"
IN DISPLAY GLASS AND EQUIPMENT ENTERPRISES

显示玻璃与装备企业
“三位智创”精细化管理

李　青　主编

人民交通出版社股份有限公司
北　京

内 容 提 要

本书分为九章,"三位智创"精细化管理充分阐述了以自主创新为核心,发挥人才、技术、平台资源优势,开展原始创新、集成创新、引进创新,将设计质量、制造质量、服务质量三者融为一体的"三位智创"管理模式。

本书可供光电显示领域的相关专家、学者,一线的工程管理人员以及研发技术人员参考使用。

图书在版编目(CIP)数据

显示玻璃与装备企业"三位智创"精细化管理/李青主编. —北京:人民交通出版社股份有限公司,2021.3

ISBN 978-7-114-17169-7

Ⅰ.①显… Ⅱ.①李… Ⅲ.①显示—光电子技术—电子工业—工业企业管理—研究—中国②装备制造业—工业企业管理—研究—中国 Ⅳ.①F426.63②F426.4

中国版本图书馆 CIP 数据核字(2021)第 050008 号

Xianshi Boli yu Zhuangbei Qiye "Sanwei Zhichuang" Jingxihua Guanli

书　　名:**显示玻璃与装备企业"三位智创"精细化管理**
著 作 者:李　青
责任编辑:张一梅
责任校对:赵媛媛
责任印制:张　凯
出版发行:人民交通出版社股份有限公司
地　　址:(100011)北京市朝阳区安定门外外馆斜街 3 号
网　　址:http://www.ccpcl.com.cn
销售电话:(010)59757973
总 经 销:人民交通出版社股份有限公司发行部
经　　销:各地新华书店
印　　刷:北京交通印务有限公司
开　　本:720×960　1/16
印　　张:9.5
字　　数:113 千
版　　次:2021 年 3 月　第 1 版
印　　次:2021 年 3 月　第 1 次印刷
书　　号:ISBN 978-7-114-17169-7
定　　价:48.00 元
(有印刷、装订质量问题的图书由本公司负责调换)

《显示玻璃与装备企业“三位智创”精细化管理》
编　委　会

在我国光电显示行业的发展过程中,"缺芯少屏"曾经是阻碍我国光电显示行业发展壮大的关键因素。"屏"指的是显示面板,其关键原材料——光电显示用玻璃基板,在东旭集团有限公司生产出玻璃基板之前,国内完全依赖进口。

玻璃基板的生产不仅需要掌握玻璃基板高端装备制造技术和突破关键生产工艺,更需要精细化的管理。高品质的产品、较高的良品率、产品的持续升级都离不开精细化管理,东旭自成立以来,不断创新,逐步探索出以自主创新为核心的"三位智创"质量管理模式:以自主创新为核心,秉承东旭管理理念和企业文化,全身心投入创新工作,发挥人才、技术、平台三种资源优势,开展原始创新、集成创新、引进创新三类创新活动,整合并延伸工序间的质量管控,与客户形成质量创新进步共同体,建立了全生命周期的质量保证体系,创造性地将全部产线国产化,大幅降低产品价格,惠及下游企业和民众,实现了产品技术指标的不断提升。

本书由李青主编。主要编写人员有:李青(编写第一、二、六章)、李赫然(编写第八、九章)、郑权(编写第三、七章)、张冰(编写第四章)、金利涛(编写第五章)。参与本书编写、审核工作的还有东旭及平板显示玻璃技术和装备国家工程实验室近百名专家学者,他们为本书编审付出了大量的心血,在此对这些同志无私的奉献精神、严谨的学术态度致以崇高的敬意。

同时,感谢东旭光电股份有限公司对本书编写提供的帮助。

本书在编写过程中,参考了大量文献,在此谨向这些文献的作者致谢。

由于作者水平有限,书中难免存在疏漏之处,敬请专家和读者指正,在此谨表谢忱。

作　者

2020 年 10 月

目录 Contents

第一章
“三位智创”精细化管理概述

第一节　“三位智创”精细化管理定义

“三位智创”精细化管理是一种新的企业管理模式，是将产品设计质量、制造质量、服务质量三者融为一体进行安全管控。在企业的管理中，互通互融，不能割裂地分阶段管理，让每个产品的制造或者工程项目管理阶段都能体现“三位智创”的管理理念，最大限度地发挥三者的效力，而让三者因界定区分造成的沟通和流动不充分导致的效率低下等问题得到最好的解决。

我国光电显示行业发展历经了艰难险阻。发达国家长期的技术封锁和技术垄断，极大地限制了我国光电显示行业的进步，掌握可靠而先进的技术成为关键。而全盘技术引进的风险是非常大的。发达国家如美、日等国企业掌握着行业的高端技术，却不会向我国输出，它们能提供的，仅仅是淘汰或濒临淘汰的产业技术和装备，同时还会收取高额的技术转让费用。在花费高昂代价引进后不久，即面临技术落后的现实，然后还得花更高的代价再去引进……

破解这一恶性循环，需要建立一种新的管理模式，去扭转行业的不利局面，使我国光电显示行业能够独立于技术垄断局面之中，不再受到他国贸易的制约，打破技术壁垒，重新树立民族产业，实现产业振兴。

第二节 “三位智创”精细化管理实施程序及保障条件

“三位智创”精细化管理的实施,可以分为以下三个阶段。

第一阶段,评估内容,找准切入点。实施精细化管理不是漫无边际、全面开花,而是要对现有管理内容作出评估,查找管理薄弱的环节,有选择、有针对性、有重点地实施。如果是制度问题就从完善制度入手,是责任问题就从明晰责任入手,是组织问题就从调整组织结构入手,是员工问题就从提高队伍素质、加强队伍建设入手等。

第二阶段,组织实施。针对查找出来的问题,制订相应的措施。哪些问题可以通过对指标的进一步细化、量化,或通过流程的梳理更加合理;哪些环节需要遵循标准或使标准更科学、事项衔接更合理、行为更经济、安排更务实等。同时,将改进措施落实到每个部门、岗位、工种,每道工序、每项作业、每个具体的操作动作之中。

第三阶段,再评估。精细化管理具体做法实施一段时间后,需要再次作出评估,分析成效得失。对不完善的地方再加以改进,做到循环递进,螺旋上升,最终形成持续改进、不断创新的工作机制。

注意循序渐进,实施精细化管理可以由简入繁、逐渐完善直至稳固实施。

“三位智创”管理体系的实施,要有以下保障条件。

一是文化保障。精细化管理就是将精细化的思想和作风贯穿于企业各个工作环节的一种理念、一种认真负责的态度、一种精益求精的文化。精细化管理最根本的一点在于人们思维模式的转变。一个企业要推行精细化管理,首要的就是要让员工形成精细化的意识,从思想源头培养员工追求精细化的文化氛围。通过企业文化建设,转变员工的工作态度和工作方法,使精细化成为企业全体成员的自觉行为。

二是组织保障。精细化管理是一项庞大的、持续不断的工程。为了

扎实推进精细化管理工作的开展，各单位需要成立专门的实施精细化管理的推介机构，负责指导、推动、协调、督促精细化管理工作的开展。为了加强领导，各单位主要负责人应成为实施精细化管理的第一责任人。

三是机制保障。机制保障主要是建立推行精细化管理的激励与约束机制。对开展精细化管理取得成效的做法和经验及时进行总结、交流、表彰、奖励，及时加以推广；对各部门、各岗位存在的问题，及时提出解决的建议或办法；对工作开展不力的部门、岗位实行相应的惩罚措施。

第二章
“三位智创”精细化管理的基础

第一节 领导班子管理

在东旭集团有限公司(以下简称“东旭”)的不断发展中,随着组织结构的不断完善和管理水平的逐步提升,企业文化深入所有员工内心。通过系统规范的企业文化建设,广大干部员工的企业认同感、凝聚力、向心力,以及社会责任感不断增强,为企业跨越发展,行业技术进步,起到巨大的推进作用。

领导班子作为企业组织机构核心,需确立公司的发展计划、服务质量目标、经营方针,执行公司各项决议、指示,分管公司日常事务和开展工作;各生产部门和职能科室的部长在分管副总的领导下,实现本部门的生产服务过程和管理,完成工作目标。

领导班子要想使自己的企业良好运转,首先要确保企业有明晰的企业文化,营造一个团结、拼搏、实干的团队,杜绝空话、套话的出现,做到“文精细”;其次就是要有一个优秀的团队,需要众人同舟共济把企业发展中存在的问题及时提出、解决,有针对性地研究,做到“会精益”;再次就是研究、讨论形成的决议由哪一部门或车间负责要责任明确不能含糊,需要多部门合作的,由各部门之间负责明确责任,做到“事精确”。最后,责任明确之后选拔技术骨干组成团队,确保高效、高质量地完成任务,做到“队伍精干”。

1. 激励整个组织,实现双向沟通

为了确保公司正常、高效运作,领导班子十分重视公司内部的双向

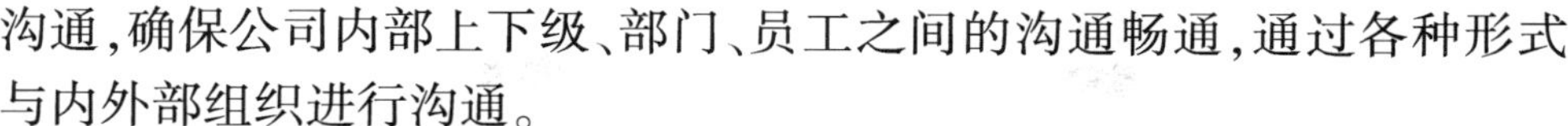

沟通，确保公司内部上下级、部门、员工之间的沟通畅通，通过各种形式与内外部组织进行沟通。

2. 发挥领导班子组织作用

领导班子带头学习法律法规，努力营造遵守经营安全、质量、环保等方面法律法规的环境，恪守诚信经营为核心的道德规范，切实履行必要的社会责任，并对相关方施加影响。设立员工举报箱，惩罚并举，重在预防，并通过开展“优秀员工、优秀班组”评比活动，弘扬传统美德，营造浓郁尚德氛围。

3. 实施三大体系

先后通过了ISO9001、ISO/TS16949质量管理体系，ISO14001环境管理体系和OHSAS18001职业健康安全管理体系认证，将质量、环保、安全、节能工作纳入日常管理，定期接受内外部审核，不断强化和提升质量、安全、环保意识。领导班子身体力行，积极参与公司的质量、安全、环保活动，将其作为企业生产和发展的重中之重。

4. 推进品牌建设，不断提高产品质量和服务水平

公司重视品牌建设，不断改善产品的各项指标，提升服务质量，以此增强客户满意度，提升品牌的知名度，实现“三位智创”管理体系的成功应用。东旭液晶玻璃基板先后获得“河北省名牌产品”“河北省优质产品”等荣誉。

5. 强化风险管理

各部门根据战略目标及发展思路，结合行业特点，全面系统地收集相关信息，识别内部风险和外部风险。通过风险防范、风险转移及风险排除等方法，将风险控制在可承受范围内。对重大投资决策，要求在项目论证时分析可能的风险，并提出防范应对措施；对业务中已知的风险点，定期进行评估、提示及完善。

6. 建立组织绩效

考察各项关键绩效指标的完成情况，并对比竞争对手关键绩效指标

的完成情况，综合得出结论，确定改进与创新重点，组织有关部门和人员限期落实。

公司在评价组织的绩效和能力方面，主要是通过对成员个人的考核和对组织业绩和资源的整合情况的考核来完成的。公司领导班子的年薪由岗位等级年薪和年度绩效薪酬两部分组成，工作绩效与其收入直接挂钩，主要以工作职责落实情况和相关工作目标的完成情况来进行考核。为了力求公正，避免短期效应，公司采取每月评估存档、年底汇总的办法进行考核。

7. 管理层的责任

公司定期对销售收入、主营业务利润、人员结构、股票收益率、净资产收益率指标进行纵向对比，即与公司历史同期情况对比；与同行业进行横向对比。通过对比信息来指导公司调整运营目标、工作改进方向等。明确规定公司管理层应当遵守法律法规和公司章程，对公司负有忠实和勤勉义务，不得利用职权收受贿赂或其他非法收入，不得侵占公司的财产；同时建立相应的风险管理机制，规范组织的经营、道德及法律行为。

8. 财务方面的责任

严格执行《企业会计准则》及有关财务会计法规，并结合实际情况对资金管理、资产管理、财务报告、票据档案管理、内部稽核、会计人员职责等方面均作出了详细的规定。公司每年聘请会计师事务所出具审计报告。

9. 股东及其他相关利益的保护

根据《中华人民共和国劳动法》《中华人民共和国劳动合同法》等法律，持续完善劳动合同的管理。公司注重劳动法规的学习，依法为员工缴纳五险一金，确保员工合法权益。与客户建立客户联盟，健全利益共享、风险共担的机制，保护客户权益。本着“互相尊重，互惠互利”的原则与原辅材料供应商合作。

第二节　办公室工作

推进工作精细化管理,创新管理理念、管理方法和管理手段,实现由被动工作向主动创新、由忙碌繁杂向规范有序、由过得去向零差错、由满足一般化向抓精品转变,各项工作按照“精、准、细、严”的精细化管理标准来组织落实,全面提高工作效能。

例如,公司办公室负责起草撰写企业各类重要文件,积极参与公司的各项重大决策,一个办公室的工作作风影响着企业员工工作态度,因此,在精细化管理过程中,首先就要从办公室自身做起,加强办公室内部的凝聚力。

办公室根据员工反馈意见,先后修订了办公室工作标准、管理标准,制定或完善了公文处理办法、接待工作管理制度、值班制度、会议制度、请假制度等多项办公室管理制度。在修订过程中对员工意见比较大的条文进行了修正,修订过程中既考虑了企业的整体利益,也照顾了员工的个人利益,争取用最佳途径来解决两者之间的矛盾,使员工更加热爱本职工作。

根据岗位职责的要求,改变过去重过程轻监督、重结果监督轻过程监督的做法,制定考核办法、奖优罚劣,积极进行绩效考核、建立全过程的监督体系。实施责任分解,按照科学性、激励性和可操作性原则,将每项工作目标细化、量化,从时间、标准、效果等方面具体化,建立责任明确、权责统一的责任体系。坚持定量考核与定性考核相结合,综合考核与分类考核相结合,办公室内部考核与外部服务对象评议相结合,不断增强考核的可信度。把考核结果与行政问责、奖优评先等有机结合起来,推动办公室各项工作取得实效。

要加强执行制度的监督检查,将制度规范的约束力、凝聚力转化为工作的高效率。要建立办公室各项工作的活动台账,详细记录每个人的工作业绩,定期通报工作情况,总结推广先进典型。

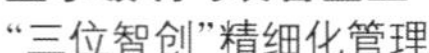

明确相应的职责，才能正确行使职权。办公室是综合部门，工作繁杂、任务多、责任重，有时甚至琐碎，这更要求办公室工作人员多一份责任心、多一份细心，来保证工作的正常运转。因此，办公室的工作必须按照“定岗、定责、定标准”的要求，使工作精细化、精确化带动本企业良好运营。

健全完善办公室工作的责任体系，文稿起草、信息调研、督促检查、会议承办、机要保密等，都要制定详细的工作职责和岗位细则。这些要求不仅是针对部门工作，更要具体到每名办公室工作人员，做到职责清晰明确，从而有效避免职责交叉，延误工作的现象出现。办公室全体工作人员，严格遵守制度认真履行职责，优质高效地完成本职工作，在部门之间以及部门内部形成“人人争先进、个个创一流、事事服务优”的良好局面。

制订工作标准，改变过去不良工作作风及办公室工作没有具体衡量标准的现象，加强办公室人员的自我管理、自我约束。对每个岗位都有明确要求及规定，应该干什么、怎么干、做到什么程度都要有详尽规定。比如会议室的布置、办公区域的卫生环境、文件的格式、纸张选用、字体的确定、出错的多少、用时的长短等方面都要在质量上、效果上有所要求，要建立一套科学合理、便于操作的工作标准，使每个人的工作实绩，可以通过工作的质量、用时的多少等多方面的标准检验出来。同时，让每位办公室的员工对照工作标准找差距、寻不足。在工作中树立品牌意识，以高标准严格要求自己，在各项工作中努力实现“工作无失误、细节无缺陷、服务无遗漏”，以一流的工作的态度、一流的工作实绩、一流的服务意识为本企业的“双一”，即争创国内第一、争创国际一流目标作出贡献。

第三章

公司战略目标的制订及实施

为更好地实现公司宗旨、愿景和价值观，公司建立了和不断完善战略管理体系，并对公司战略进行有效管理。公司应立足现实，结合当前产品的相关国内外市场环境及发展趋势来制订发展战略。

通过现有内外资源以及内外部环境分析与整合，明确公司内部的优势与劣势，外部环境中的机遇与威胁。在此基础上，根据公司完善的战略管理体系与制订程序，编制公司的战略规划。

战略制订过程是全方位参与、集思广益的过程。公司高管负责战略的制订，部门主管及员工代表等参与战略制订。科学确定战略区间。在东旭，平板显示产品开发周期一般为 2 ~ 3 年，客户的产品认证周期为 1 ~ 2 年，而面板、玻璃基板行业规划为 5 年。根据上述产品与行业特点，确定公司长期战略的区间为 5 年，中期战略为 2 ~ 3 年，短期战略为 1 年，并实行滚动调整。

玻璃基板行业技术门槛高，属于技术垄断性行业，工艺研发成本高，关键技术掌握在少数几家企业手中，且电子产品行业发展迅速，市场瞬息万变。考虑到上述特性要求，公司在战略制订过程中，应着重考虑如图 3-1 所示的关键因素。

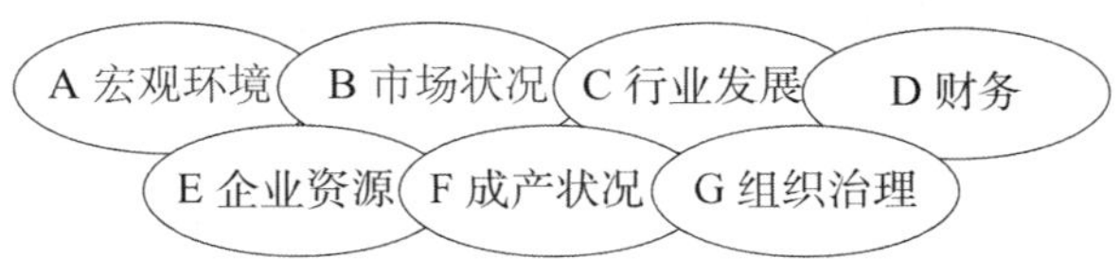

图 3-1　公司战略制订关键因素

第一节　确定战略目标

战略策划过程为战略目标服务，通过分析宏观环境、市场状况、行业发展、财务状况、企业资源、生产状况、组织治理等主要因素，形成公司发展战略：公司坚定不移地把核心技术作为立身之本，走“人才强企、技术强企、自主发展”的道路，打造新的核心竞争力，同时积极与多所高校和科研机构开展全方位、多层次的合作，使公司技术水平又上了一个新台阶，经过“做精、做专、做强、做大”的发展过程，实现“品牌国际化”，把公司打造成为世界级的液晶玻璃基板供应商。具体如下：扩大市场空间为手段，实现品牌国际化；通过多途径的人才引进和储备；加大科研投入，在技术研发领域赶超世界一流水平；营造良好的资金环境，保证公司蓬勃发展。

在科学技术迅猛发展的市场竞争环境中，技术创新日益成为公司取得竞争主动权的物质基础，产品生命周期的规律决定了公司必须不断地开发新技术、新工艺，改进老产品，才能在市场上占据领先地位，增强公司活力。产品开发以研发出满足市场、用户需要的产品与服务为目的，不断为公司创造良好的经济效益，为公司在竞争中获得竞争优势提供保证，是公司研究与开发的重点内容。因此，公司经营战略出发点与公司生产运作战略的出发点都是努力开发、研究、设计、生产出能切实满足市场需求并具有竞争力的产品。

第二节　战略计划部署

公司领导班子制订战略目标和战略规划，对战略规划进行部署，并对其进展情况进行跟踪。

一、战略计划的制订

战略目标的展开是为了对战略进行可视化的描述，明确地表达出公

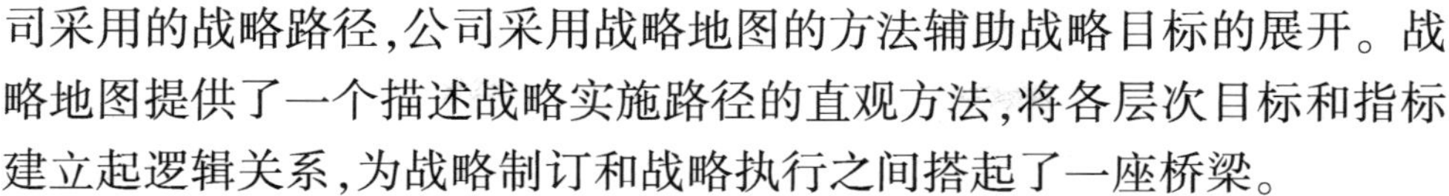

司采用的战略路径,公司采用战略地图的方法辅助战略目标的展开。战略地图提供了一个描述战略实施路径的直观方法,将各层次目标和指标建立起逻辑关系,为战略制订和战略执行之间搭起了一座桥梁。

以公司五年战略规划为依据,用方针目标管理的方法将战略规划展开到每年的年度经营计划中,制订年度的经营目标,并进一步展开到具体工作计划和阶段性目标,并通过对具体工作计划和阶段性目标的监测,实现对战略执行的管理,整个过程形成了一个有机的循环,保证了公司战略的有效部署执行。

各职能部门按照战略委员会的策划安排,运用适宜的管理工具,通过对公司内部能力分析,制订各科室战略规划,通过年度业务计划及全面的预算管理,对战略规划进行展开和部署。

二、战略计划的实施

公司战略管理委员会每年通过召开年度战略规划会议对组织的中长期目标与战略举措进行校准,以确保组织能够应对面临的战略挑战。调整的主要依据是各类战略信息的收集分析和战略执行结果的反馈。当内、外部的因素发生重大变化时,总经理及时组织相关部门对战略进行评价,提出战略调整意见,交战略委员会批准。

在职能战略规划中,对战略目标进行分解,确定职能战略规划的关键绩效指标。各职能部门围绕年度经营方针和目标,编制年度实施计划,确定年度关键业务指标。

公司的战略目标体系是一个相关方利益均衡发展的体系。团队建设目标、环境建设目标的实现保证了员工的利益;主营业务收入、利润总额的不断提升,保证了股东利益;管理提升目标的实现促进了供方管理水平的提高,满足了供方利益;研发水平、生产能力和管理提升目标的实现满足了客户的利益;社会责任目标的实现保证了社会公共利益。

围绕东旭发展战略,为实现产业报国,弘扬民族精神,形成“东旭智创2025”质量战略,在国务院《质量发展纲要(2011—2020年)》指导下,积极响应国家智能制造战略部署,坚定不移地走以智能制造推动质量全面发展的道路。东旭根据光电显示行业及产品特点,结合国家智能制造发展规划,将"东旭智创 2025"质量战略分为三步实施,如图 3-2 所示。

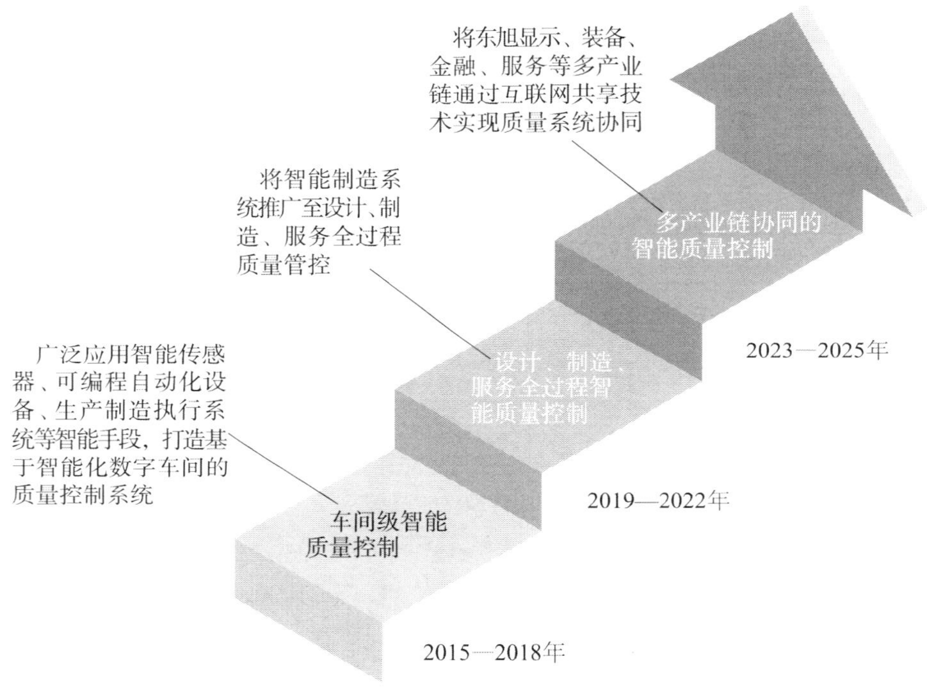

图 3-2　三阶梯式质量战略实施

第三节　预测与评价机制

战略目标得以推行的根本动因是企业文化,是以员工认同企业的文化和企业的战略目标为基础的。我们在制订战略的过程中,有着雄厚的群众基础,所以目标的推行非常容易。具体推行过程中,我们采用目标管理法、过程管理法、问责制,实行责任、目标、任务的分解,实行责任到人的问责制。

东旭通过对战略目标实施的监测结果，对未来绩效进行预测；通过网络阅读、硅酸盐玻璃协会行业报表、《电子玻璃信息》《平显时代》《中国领导决策》等相关资料学习，参加行业会议等渠道收集标杆和竞争对手的信息，对标杆和竞争对手的绩效进行预测。公司通过对绩效预测的结果与标杆、竞争对手进行比较，以找准公司在某些方面的着力点，如：竞争对手在市场占有率方面对公司造成威胁，就需在产品研发、生产、服务领域加大力度。通过对比分析绩效预测的结果，适时调整公司某一领域的资源配备程度，以保持公司的科学发展态势和持久竞争优势。

第四章
资源配置

企业资源配置是指企业根据战略期所从事的经营领域，以及确立竞争优势的要求，对其所掌握的各种经济资源，在质和量上的分配。其目的是形成战略所需要的经营结构或战略体系。公司提供人力资源、财务资源、信息资源、固定资产资源、外部关系资源，来保障战略目标的顺利实现。

第一节　人力资源

人才是企业的第一重要资源，拥有优秀的人才资源、建立强大的高素质人才队伍，就能在激烈的市场竞争中占据优势、赢得主动。人才是企业最宝贵的资源，也是支撑企业发展的根本力量。

坚持以人为本的人力资源管理体系，根据总体战略规划来制订人力资源规划，动态设计和调整公司的组织工作系统，不断完善员工培训和发展，在公司战略规划的指导下，建立健全人力资源管理各模块有机融合的管理机制，逐步完善适应于战略规划和目标的人力资源开发和管理体系，并建立灵活多样的激励机制，从而有效地激励和发挥员工才能，营造以人为本的用人环境。

通过岗位管理、职级管理、培训体系、绩效考核体系、薪酬福利体系，充分挖掘员工的潜质，营造调动和激发员工积极性、创造性的良好氛围，促使员工和企业共同发展的空间不断提升。

一、注重员工的培训与发展

公司注重员工的培训与发展,创办企业大学,承担全集团的管理人才和专业骨干人才培养工作。开展各种形式网络培训,让员工能够实现"随时随地学习"。

1. 员工的学习和发展

1)注重员工的学习

通过教育、培训和职业发展促进组织整体目标的实现,并为提高管理业绩作出贡献。培训工作从企业战略出发,通过企业培训需求的系统分析来确定培训对象和培训课题,根据培训对象和培训课题确定培训师资和培训方式,进行培训运作。在培训结束后追踪培训效果,开辟培训信息反馈渠道,掌握培训效果是否满足企业培训需求的信息。形成闭环管理和循环运行的方法体系。通过内部培训、外请培训、送出培训等方式实施培训,有效保证培训的多元化结合。培训分为新进类和在职类,其中在职类又分为专业类和操作类。

2)充分发挥员工的潜能和主动性

帮助员工实现学习和发展目标,通过委托培养、自学、短期培训、远程教育、轮岗、换岗、例会、工作研讨会等学习形式提高员工专业技能;充分发挥员工的潜能和主动性,帮助员工实现学习和发展目标,并对包括领导班子在内的所有员工的职业发展实施有效的管理。

3)实施人才继任计划及人才梯队建设

通过对关键人才的盘点和发展潜力的评估,择优选拔确定关键岗位的继任者,制订个性的继任者发展计划,通过计划的实施使继任者具备担任上一级岗位的资质,建立继任者个人的培训和发展档案,充分利用企业现有资源,通过个体辅导、参与项目、岗位轮换、培训等方式,帮助继任者提升自身的能力,并加强沟通和过程监控反馈,使继任者按照既定的成长和发展路线稳步前行。通过人才的盘点和评估,得到确切的招聘需求和培训需求,通过实施人才继任者计划,形成了关键岗位人才梯队,使公司拥有了一支关键岗位后备人才队伍，为企业的发展提供持续而强有力的人力资源支持。

2. 员工的权益与满意程度

公司对员工权益的高度重视和保障，以及良好的工作环境、和谐的工作氛围能够充分调动员工的积极性，为公司战略的实施提供可靠保障。

1）员工满意的工作环境

严格执行《劳动法》《安全生产法》《职业病防治法》等与劳动和安全生产相关的法律法规，通过了 ISO14001、OHSAS18001 管理体系认证并有效运行，改善员工生产作业中的职业健康安全条件。定期委托有资质的检测公司对现场职业危害岗位进行检测，对职业危害岗位人员进行职业健康体检，按国家标准发放劳动保护用品，并对岗位配备防护器材。公司为各办公室及车间安装配置计算机、空调和电风扇，设置了消防设施和安全出口。制订、完善各种应急预案，并进行演练，对演练中存在的问题进行改进，提高公司应急能力和员工处理各种紧急情况的能力。

2）保护员工合法权益，提供个性化支持

（1）为保障员工的权益，公司与员工签订劳动合同，缴纳五险一金。员工享受法定节假日、带薪休假，对于女职工组织各种活动开展节日慰问，如：每年 3 月 8 日为女职工发放礼品等。

（2）为员工提供有针对性、个性化的支持。公司通过改善工作条件、定期实行文明生产检查、安全专项检查、安排员工体检、组织员工参与拔河、篮球、乒乓球、羽毛球等文体活动，不断为员工创造好的工作、生活环境。公司每年开展困难职工申报工作，帮助企业困难职工享受资助，还通过捐款等方式帮助困难职工。

3）实施员工满意度调查

人事部每年开展员工满意度调查，并对调查数据进行统计分析，提出整改意见报总经理审核签批，并进行整改，不断提高员工满意度。

二、质量教育

公司基于"人尽其才"的人力资源管理理念，为提高员工质量意识、岗位技能，不断完善公司的培训机制，建立《培训管理程序》等制度，营造以业绩为基础的多梯次人才培养，实现员工与公司一起成长。

1. 全员、全过程、全方位质量技能培训

根据液晶基板玻璃技术先进、更新换代周期短的特点，公司每年末制订质量培训计划，针对各层管理者面临的理念和实际问题，分梯次设计、实施培养项目，保证效果落地。在一线员工培训中，将岗位 SOP、SPC、6Sigma 等质量知识、质量工具应用作为培训的重点内容。2020 年累计组织培训 30636 人次，人均约 2.5 次，其中质量培训 21628 人次，占培训总量的 71%。

2. 普及多元化的质量技能培训体系

东旭发挥人才、技术、平台三种资源优势，结合全方位的教育培训体系，采取传统教育培训方法和新型教育培训方式相结合的培训形式。

开展多种质量活动。东旭将每年 3 月定为学习培训月，2020 年学习月活动主题为"抓学习，促生产，岗位成才，学以致用"。

组织岗位技能竞赛活动，2019 年举办有"条纹检测技能竞赛""叉车技能竞赛""检验岗位技能竞赛""包装岗位技能竞赛"等。

组织拓展培训，使员工在技能和心理上得到锻炼，而且可以让参与者深刻体会到团队合作的重要性。

开展校企结合的培训方式。东旭一直重视职工培训与技能提升，与北京工业大学、北京交通大学、郑州大学及豫北国防教育基地开展合作，2019 年已有 160 余人晋升硕士研究生，既提升了公司形象，更提高了职工素质。

3. 培训设施、平台保障

公司每年投入一定的费用，用于完善培训硬件设施，增强培训效果。

为丰富员工文化生活，建立学习型企业，建立企业图书馆，截至目前藏书5500多册，电子图书十几万部。

三、员工绩效管理

1. 绩效评价体系

公司各部门根据公司战略规划，将公司战略规划细化为年、季、月度计划，对员工进行考核。公司每年底对各部门的考核进行总结，制订员工绩效激励政策（包括员工绩效评价、薪酬、升职和奖励等），报领导班子批准后实施。绩效标志的三种类型指结果、过程、品质，绩效标志的操作层侧重于过程、品质，管理层侧重于结果、品质；绩效标度可用数量式、定义式、等级式评价。总的来说，员工绩效评价的最终目的是“胜任能力”，评价的方式有独裁式考评、委员会式考评、多项式考评、客户式考评。公司建立了与公司战略紧密结合的员工绩效管理系统，根据管理层次的不同，采取多项式考评的方法评价员工的绩效。

2. 薪酬激励体系

（1）在《薪酬管理制度》中，规定了以基本工资、岗位工资、绩效工资、工龄工资、各项补贴并存的分配模式，绩效考评结果与薪资挂钩浮动，薪资调整建立在效率和效益的基础上。

（2）公司制订了基于绩效评价的激励措施，在工资构成中设置绩效工资和奖金，提升了员工工作积极性和创造力。

四、工作的组织和管理

建立扁平高效的组织系统，根据公司发展的需要，建立了战略层、决策层和实施层的三层管理模式，组织机构层次少、结构相对扁平化，有利于内部协调性和高效率沟通。为了保证公司总体管理和沟通的高效率以及人员队伍的精炼，公司科学规划，将相关职能尽可能地合并。公司对部门充分授权，各职能部门拥有内部成员的职责分配权、考核权、奖励权，提高了各层次管理人员工作的主动性和积极性。采用直线职能制组

织结构,实现全员共同管理。

1. 三层管理格局

对人员进行优化配置、合理调动,对各职能中心定岗定编、编制《岗位职责及任职要求》,实现“人岗”匹配,实施竞争上岗等激励机制。三层管理格局的构建(表4-1),实现了管理重心下移,充分授权给各职能部门管理经营,提高了管理效率和运营效率,充分调动三级员工的主动性和积极性。

三层管理格局　　表4-1

类　型	主要职能
决策层	制订集团发展战略和目标;代表组织与外部环境进行联系;对组织的战略制订负责;协调与管理组织内部的各项经营活动
管理层	建立管理模式,全面承担产品研发、试生产、安全质量管理、生产运营管理、设备采购、原料采购、团队建设、干部管理等职能,实现责权利相统一,夯实经营管理基础
执行层	全面落实管理层的工作部署,安全、优质、高效地完成各项目标任务;做好加工生产、工艺改进、设备检修、市场营销等工作

2. 精细化的岗位管理

职位设计的核心内容在于三定:定岗、定编、定员。定岗是设定组织中承担具体工作的岗位,其方法有组织分析法、关键使用法、流程优化法、标杆对照法。定编、定员是根据生产及发展要求,在一定时间内和技术落后条件下,本着精简机构、节约用人、提高效率的原则,识别出各职能中心各岗位员工的素质能力要求,规定各部门必须配备的人员数量及标准。采用多种形式进行人才引进;与高等院校、职业学校建立产学研发合作关系,为各类应届生提供实习岗位,进一步拓宽人才引进渠道。

公司制订员工绩效激励政策,如薪酬、奖励、晋升等。为员工的成长奠定基础,为员工的成长营造良好的氛围,通过成就激励、能力及岗位激励、物质激励、精神激励,帮助员工确立正确的事业奋斗目标,实现人生价值。

3. 建立沟通机制，形成知识和技能共享

各部门适时开展批评和自我批评，站在利于成员成长的角度上，开展工作。公司通过调查、座谈、问卷及设立意见箱等方式听取和采纳员工、客户意见和建议。

公司每半年进行一次员工满意度调查，每年进行一次客户满意度调查。不同岗位、部门和单位之间，通过宣传、考察、互查、学习、技术比拼、知识竞赛等方式实现有效的信息沟通，提倡知识经验共享。

工作系统的设计和管理过程中注意听取和采纳员工、客户的合理意见和建议，有利于在不同的部门、岗位和区域之间实现有效的沟通和技能共享，见表4-2。主要措施如下：

(1)公司利用多种形式，听取和采纳员工的意见和建议。

(2)建立领导班子联系点制度，设立意见箱。

(3)建立自上而下定期沟通、定期会议制度。

(4)建立自下而上的员工意见反馈渠道。

(5)建立职工代表会议制度，听取员工意见。

听取、采纳意见和建议渠道 表4-2

对　象	渠　道	责任单位	频　次
内部员工	职工代表大会	全体员工	每年
	《东旭之乡》内部报刊	全体员工	每月
	公司大调度会沟通	全体员工	每周
	意见箱	全体员工	每周
	合理化建议	全体员工	不定期
客户	公司参观考察	市场营销部、物流部	不定期
	领导班子互访	总经理、副总经理	不定期
	电话、传真沟通	市场营销中心	不定期
	调查问卷	市场营销中心	每年
其他相关方	业务沟通、合作交流	各相关部门	不定期

第二节　财务资源

公司实施全面财务预算管理,资金高度集中,统一管控,充分发挥财务资源的作用,建立完善的资金管理体系,有力支撑了公司战略发展。

一、确定资金需求

根据发展战略和年度经营计划,公司制订科学合理的年度财务预算,并依据经营业务预算和项目发展需要,确定月度经营资金需求,测算资金余缺,策划筹资金额和筹资方案,编制现金流量预算,对资金收支进行总量平衡,以确保资金的供给。

二、保证资金供给

根据公司发展战略,关注国家金融政策变化,采取灵活多元化的筹资措施,选择了银行借款、资本市场融资等多种融资方式的组合,优化了企业资金结构,保持了较低的融资成本,确保了公司战略发展资金需要。

三、提高资金使用效率

根据年度、月度的现金流量预算,严格遵循资金审批程序,严控预算外资金支出,动态跟踪现金流变化,实施日统计、月总结对比制度,确保资金链条的安全可控。

为加速资金周转,提高资金使用效率,公司制订合理的月度原材料、辅料备件、产成品、应收账款的资金占用指标定额,结合实际及时调整资金的占用额度,跟踪工程项目预付款进度。

四、财务风险管理

公司在交易授权审批、职能分工、资产接触与记录使用及独立稽核等方面作出详细的规定。对于一般性交易(如购销业务、费用报销业务）采取各职能部门和分管领导审批制度；对于非常规性交易（如关联交易等重大交易），需董事会或股东大会作出决定。

在财务风险方面，收集企业财务报表、资产质量、盈利能力、偿债能力、现金流量、成本核算、资金结算等方面的信息，结合本公司实际，加强财务管理，防止财务风险的发生。推进内部控制活动，形成了《内部控制手册》，包含作为上市公司所面临的可能发生的所有风险。

五、成本管理

拟订《成本会计工作标准》，明确成本费用业务岗位责任及各部门职责、权限，规定了成本的核算对象、核算项目、核算期间、核算方法。若成本计算方法发生变更，需由成本会计提出书面申请，注明变更原因，报总会计师审批。成本核算按月核算，及时、准确地计算出各种产品成本。凡属当期成本应负担的费用，无论款项是否已经支付，均计入当期成本。根据不同产品特点分别采用不同的产品成本计算方法。期末，存货按照成本与可变现净值孰低法计提存货跌价准备。存货成本高于其可变规律时，计提存货跌价准备，计入当期损益。

在全面实施预算管理的基础上，实施逐月滚动预算编制，通过逐月的预算编制、审核和下达，强化了预算的控制，使得预算的管理时效性增强，并通过每月的预算执行分析公司预算执行的偏差情况，严格控制各项成本费用的超预算情况发生。

每季度根据汇总的各项财务报表，详细分析各公司的资产负债、盈利能力、资金周转能力、主营业务发展能力等方面的情况，汇总形成总体分析报告，最终上报公司管理层，供经营决策使用。

第三节　信息和资源

公司建立了信息管理系统，配备计算机、电话、打印机、传真机、复印机等设备，接入国际互联网，并建立了局域网。

一、信息源的识别和开发

根据信息的来源不同，公司将信息源分为内部信息源与外部信息源两大类，并按照各类信息对公司战略发展的不同影响，对不同的信息源采取不同的识别和开发方法。

二、内部信息源的识别

内部信息源包括公司内部经营管理信息源、产品销售市场信息源、物资采购市场信息源和安全环保信息源等，公司主要通过信息化管理平台对信息进行识别开发。

三、外部信息源的识别

外部信息源主要是来自国内外、地方政府、上级主管部门、行业协会以及供应商、客户、竞争企业和合作伙伴等其他相关方的信息，见表4-3。

信息资源分类　　表4-3

信息源	信息类别	信息作用	信息收集渠道	信息收集部门
国家、行业政策	政策信息	管理层战略决策参考	访问官方网站	各相关部门
	行业信息	管理层战略决策参考	行业协会收集、行业会议、专业杂志、行业报表（月/季/年度）	销售部、管理部、研发部
市场	客户信息、销售信息	公司管理战略决策依据、操作业务层工作参考	（1）访问客户网站； （2）通过网站收集客户、最终用户反馈； （3）走访客户，收集信息，并反馈本部	销售部、国际贸易部
	竞争企业信息	管理层战略决策参考	（1）访问竞争企业网站； （2）从客户、服务站获得竞争企业信息；	销售部、国际贸易部

续上表

信息源	信息类别	信息作用	信息收集渠道	信息收集部门
市场	竞争企业信息	管理层战略决策参考	(3)从供应商处获取竞争企业信息； (4)通过行业协会收集	销售部、国际贸易部
员工	工作能力、综合素质	人员调配、晋升依据	员工绩效考评、综合素质测评	管理部
	满意度	管理层战略决策参考	对员工满意度调查	管理部
供应商	供货能力	供应部订单下达依据	网络、供应商评价	供应部
	优势评价	管理层战略决策参考	走访供应商、供应商评价	供应部

内外部信息的收集、处理和传递程序、传递范围应符合公司有关规定。确保信息在公司内部各层级之间、公司与各相关方之间迅速、顺畅地传递，见表4-4。

信息传递内容与途径一览表 表4-4

传递对象	传递途径	传递内容	传递部门
供应商	公司网站、宣传资料、电话、电子邮件等	企业文化、采购计划及执行情况等	各职能部门
客户	公司网站、宣传资料、电话、电子邮件、宣传资料、客户互访、技术交流等	公司产品、技术和服务信息经营信息、企业文化等	各职能部门
员工	邮件办公系统、视频会议系统、文件等	企业文化、经营信息等	各职能部门
其他相关方	网站、电子邮件、电话、文件等	企业文化、经营信息等	各职能部门

四、信息系统

公司从战略发展的角度出发，建立快速反应市场需求的管理体系，搭建信息共享、协作互通、资源整合的信息平台。公司对内结合信息化建设的实际情况,对外结合信息化技术的发展水平,制订了企业信息化发展规划,持续开发和利用与公司有关的信息源。并根据其不同的作用提交给不同的管理层予以应用,为此公司成立了信息中心,负责所有信息的管理质量监督考核。为保证各信息化系统的有效应用,由信息中心对公司信息化管理程序提供技术支持,做好信息化系统的日常维护工作,保证公司利用先进的信息化应用平台,实现了信息的共享与开发应用。

1. 硬件网络平台建设

自网络管理中心成立以来,相继用了 IMB 服务器 3com4400 系列二层交换机等设备,保证了电子数据的安全性。

2. 软件系统建设

在《计算机类设备管理制度》和《软件使用管理办法》中规定了计算机软硬件系统的可靠性、安全性、易用性的具体要求,通过运行控制,保证了系统安全、稳定地运行。

(1)可靠性:使用正版软件,推行成熟稳定的应用系统及大型数据库系统。建立安全可靠的网络架构,对主要网络设备进行双冗余备份,实现系统安全连续运行。

(2)安全性:电子文档使用思智泰克数据安全软件进行加密,建立数据备份服务器,每天对重要服务器数据进行 4 次实时备份。

(3)易用性:编制软件操作说明书,并对操作使用人员进行培训,对于经常出现的问题,由信息部将解决方案放到共享文档中心;对于突发问题,由信息部及时进行指导或解决。

五、知识管理

通过 ERP 和 OA 系统等将信息和知识在第一时间进行传递、反馈,确保不断充实更新,对接收到的信息和知识及时组织评审,并由主管领导进行审核,确保信息和知识的可靠性、一致性,同时通过思智泰克安全软件对电子文件进行加密,采取服务器数据实时备份,对纸质信息和知识，按照《档案室管理规定》《文件控制程序》的要求密级进行管理，保证文件的安全性和保密性。

公司以“识别与转换、积累与维护、传递与分享、有效利用”知识管理四步法为模型，建立了以网络为主要载体的知识管理系统。

各部门负责各自信息录入与分类，包括成功的经验与失败的教训等案例将其转换，归纳成为相关的知识，保存在共享网络硬盘上，由专人负责知识更新与维护。

公司档案室保存有技术、管理、档案等类别的资料，并逐步电子化，以便更高效地共享。

各部门不定期地组织相关人员互相学习与交流，通过实践以达到知识的有效利用。

公司采用国际一流的硬件和软件系统，安装防火墙和防病毒软件，对重要的数据和信息采用双机备份，周期性磁盘备份等多种方式进行保存；对于纸质资料，通过配备防火、防水、防腐设施，保证其安全性。

所有的数据、信息和知识均由文件规定的授权人进行审核和批准，保证其完整性和准确性。

对于不同账号的用户，信息部通过设置权限，实施密码安全性管理（密码复杂性管理，密码每三个月更新一次），安装防拷贝系统，保证数据、信息和知识的保密性。

六、技术资源

东旭对科技研发非常重视，吸纳了宝石集团、安彩集团等原有电子玻璃行业顶尖专家作为核心成立企业技术中心，并建成了国内领先、国际先进的理化分析实验室，拥有各种先进的检测、实验、分析仪器设备，依托集团技术基础，对新工艺和新技术进行规划、调研、开发、测试，并研究调整新料方配比和进行熔融试验，对成型的半成品和成品玻璃进行取样研究，确定料方的准确性，研发新型玻璃基板。在科技研发的道路上，研发队伍团结一致，多位一体，协调联动，攻克了一道道技术难关，取得了多项技术成果,成为东旭的核心力量。

技术部根据技术评估意见,围绕新产品开发、技术改进、新技术应用等方面,向公司提出技术开发与改进建议。公司领导班子和产品质量负责部门从技术能力、行业水平、实施效果、投入成本等方面进行分析认证,制订下一年度技术开发和改进计划,确保公司技术的先进性和实用性。

第四节　固定资产资源

一、根据组织过程管理的要求提供基础设施

按照战略规划和过程管理的需要,充分考虑技术、质量、产能、安全环保及成本等方面的要求,有效配置技术先进、高效的设备设施。

二、制订并实施基础设施的预防性和故障性维护制度

设备部实行维修点检与生产车间巡检结合的制度。之前通过采取抽检放牌的方式,对维修及生产车间的点检巡检进行抽查,有效性不强。现在根据电子巡检记录编制设备的维护计划快捷而方便,见表4-5。

预防性维护概况表　　表4-5

维护方式	控制范围	责任单位	主要预防性维护内容
日常维护	关键设备	操作人员、维护人员	中控室实时监控生产数据,发现异常情况后,由调度在第一时间通知相关人员以处理,尽快消除故障
检修	所有生产数据	生产部	按月检修计划对设备进行维护,消除安全隐患
设备周期检定	所有设备(大、中、小修)	维护人员	维护人员根据检修计划对设备进行检测、维修及试运行
检测	监视测量装置及特种设备	操作人员、维护人员	定期对设备精度及安全性进行检测

采用了先进的管理模式后,设备管理绩效指标有了明显提高。

制订和实施年度和月度设备维护计划,并对主要绩效指标进行测量、考核及改进。为了确保生产正常运行,保证生产的连续性和稳定性,针对生产过程中随时可能出现的突发事故,特制订如下内容:

(1)对于运转周期较短的设备,如水泵、油泵,均设计“一用一备”,备用设备属于完好状态的,必须悬挂“备用”标牌,备用设备处于不完好状态的,则应悬挂“待修”标牌,由设备部列入《月设备检修计划》或安排追加计划。

(2)对于单机运行的设备,由维修车间人员根据包修制的有关办法,每天定时检查,随时掌握设备运行状态。

(3)对于单机运行的设备,则由设备部与生产部沟通,根据生产实际需要,在转产或计划停车期间给予安排检修,消除设备隐患。

(4)设备部每年修订和完善《备品备件分布及储备定额》,确保库中存有一定数量的备件和易损件,满足检修或突发事故的需要。

(5)维修车间电仪班要确保各类联锁和保护装置灵敏、好用,确实起到保护主要设备安全的作用,把各类设备事故的损失和处理时间降到最低。

(6)单机运行的设备突然出现比较大的故障和出现的故障影响生产时,所在单位操作人员立即电话通知生产技术调度员,由调度员直接安排维修车间组织抢修,同时由调度员电话通知设备部有关人员。

第五节　合作关系资源

一、与供应商的关系

与战略供应商及时协商沟通,只要双方公司有重大事项调整,需在第一时间通知对方。在市场形势发生较大变化时,如发生堵库现象,优先采购战略供应商原料;当供应商的生产有困难,发生一些质量问题时,在生产条件允许的情况下,帮助其解决问题。

公司在付款上优先保证资金，在人员往来中增加交流频次，加深供需双方之间的了解。

通过与供应商建立战略合作关系，使原料供应量得到长期保证。通过信息共享和联动机制，利用多种方式融洽供需合作伙伴关系，推动和促进双向交流，见表4-6。

供应商的合作关系及维护 表4-6

<table>
<tr><th colspan="2">供应商类别</th><th>走访频次</th><th>付款及时性</th><th>采购量</th></tr>
<tr><td colspan="2">战略供应商</td><td>高中层2次/年</td><td>优先付款</td><td>25%左右</td></tr>
<tr><td rowspan="3">其他供应商</td><td>A级</td><td>中层2次/年</td><td rowspan="3">及时付款</td><td>20%左右</td></tr>
<tr><td>B级</td><td rowspan="2">主管1次/年</td><td>40%左右</td></tr>
<tr><td>C级</td><td>10%左右</td></tr>
<tr><td colspan="2">贸易商</td><td>不定期</td><td>先货后款</td><td>5%左右</td></tr>
</table>

二、与科研院所机构的关系

加强同高等院校、科研院所、咨询机构在人才培养、科技攻关、项目合作、管理改进等方面的合作，实现优势互补、共同发展。公司与院校间的合作方式主要有3种：以项目为纽带的直接技术合作；合作成立实验室或研发中心，共同进行技术攻关；进行双向人才培训和交流。

三、与相关机构的关系

与当地行政单位的关系。公司严格执行国家相关法律法规，按期足额缴纳各项税费、保险等；由于各级政府的大力支持，液晶玻璃基板产业得到较快发展。

与银行、税务的关系。公司严格执行国家政策和银行、税务部门的有关经营情况和需要帮助解决的问题，了解新的政策变化情况，邀请银行、税务部门人员到企业参观，多与银行、税务部门沟通，增加企业透明度，取得了他们的理解、信任和支持，银企、税企关系健康发展。

第五章
“三位智创”管理方法

第一节 “三位智创”管理模式及应用

一、组织质量管理模式

以自主创新为核心的“三位智创”质量管理模式是以自主创新为核心，秉承企业经营理念和文化，全身心投入创新工作，发挥人才、技术、平台三种资源优势，开展原始创新、集成创新、引进创新三类创新活动，将设计质量、制造质量、服务质量三者融为一体，整合并延伸工序间的质量管控，与客户形成质量创新进步共同体，为中国“智”造、中国“创”造增添新元素。

二、组织管理模式的应用

1.质量方面

在质量安全方面，东旭通过有人发现、有人跟踪、有人分析、有人解决的“四有”质量责任体制，搭建“用户体验全跟踪”的客服平台，建立“预防、监控、改进”的风险防范机制。成立以董事长为第一责任人，质量管理委员会为责任部门，下属子公司品保部门业务相对接的“散点归一”的质量安全组织架构。

东旭在质量责任管理中强化“半导体”精细化管理理念，实行全员、全过程、全方位管控，追求零缺陷目标。东旭恪守“产品质量无缺陷，客

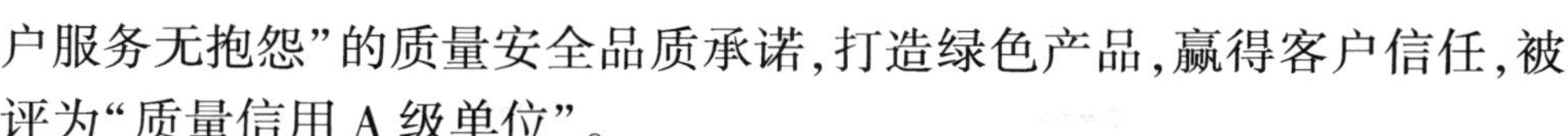

户服务无抱怨”的质量安全品质承诺，打造绿色产品，赢得客户信任，被评为“质量信用A级单位”。

在质量水平方面，东旭建立了以“学—研—产—销”为一体的液晶基板玻璃和高铝触控玻璃产业群。产品的关键性指标均达到国际先进或国内领先水平。东旭构建符合产业特点的“全过程24小时零距离服务保障体系”与“360°问卷测评体系”。产品在客户端与美国、日本同行产品并行使用，获得客户的一致认可。

在质量发展方面，东旭用完善的教育体系，保障高端人才发挥技术、平台的资源优势，从制造向“智”造、“创”造的自主创新的战略方向发展，推动产品多元化和品牌国际化。制定了以自主创新为核心的“高品质、高标准、零缺陷”的质量战略，并建立东旭大学承担全集团的管理人才和专业骨干人才培养工作。东旭采用“四高”（高精尖、高目标、高洁净度、高精度）的精细化手段，采取“双推”（推进员工行为规范，推进工艺纪律严明）和“半军事化”管理等方法，形成“全员、全过程、全方位”质量责任管理体制。

在质量创新方面，东旭逐步探索形成创造性质量创新模式、维持性质量创新模式与突破性质量创新模式三者并存的CMBQI质量创新模式。创造性质量创新模式实现了跨越式提升，维持性质量创新模式控制了产品质量波动，而突破性质量创新模式攻克生产中重大疑难问题。东旭建立质量经营发展战略、质量能力提升管理和质量基础管理的多层次质量管理体系，在改进攻关中取得246项QC质量攻关成果。

2. 创新方面

在“三位智创”理念指导下，充分利用“人才、技术、平台”三种优势资源，东旭成为国内唯一的液晶基板玻璃溢流生产及成套装备制造商、浮法工艺PDP基板玻璃制造商、浮法高铝触控玻璃制造商，也是国内唯一同时掌握溢流法和浮法工艺并实现产业应用的企业。

在建立全方位创新制度体系基础上，东旭建成涵盖液晶基板玻璃、高铝触控玻璃、光伏、节能照明及绿色建材等产业技术，研发为一体的多层次研发平台体系。平台体系由包括国家工程实验室、国家级企业技术中心在内10个省级以上研发机构组成。东旭引进和培养了大批优秀的技术创新人才，拥有来自日本、韩国、美国的362名博士、教授等组成的专家团队，并与北京大学、中国人民大学、北京理工大学、北京交通大学、北京工业大学等知名高校科研机构建立了长期产学研合作关系。

3. 品牌方面

东旭以振兴民族光电产业为己任，以质量诚信为基石打造民族自主品牌。东旭以品牌传播中心作为整个集团的品牌建设平台部门，并在各分子公司设品牌通讯员负责接收并传递集团总部的品牌指导意见，上报各组织品牌相关讯息。此外，东旭积极开展与第三方品牌传播机构的合作，还聘请了15位国内外知名品牌专家成立了专家委员会。东旭已建立企业形象识别系统（CIS系统），并顺应移动互联网的时代要求，先后开通了微信公众账号、官方微博、QQ群通知等新媒体渠道。

第二节　精细化管理过程的识别与设计

采用过程方法，对主要产品、服务及经营全过程进行系统的梳理，将与核心竞争力提升密切关联、对组织盈利和取得成功至关重要、为组织及其相关方创造价值或产生重大影响的过程确定为关键过程。对不能体现过程或当前组织能力不能够承担的过程进行外包。

一、过程的识别

公司组织召开专题研讨会，基于产品和行业特点以及战略及其实施计划的考虑，通过评审的方式识别确定了关键过程包括产品开发过程、项目管理过程、生产过程、质量检验过程、原材料采购过程、市场营销过程、人力资源管理过程、财务管理过程、信息和知识管理过程、设施设备管理过程、环保安全管理过程。

二、过程的设计

价值创造的过程的识别包括：营销与市场管理、设计开发、采购、产品实现过程、战略信息和知识管理等几个方面。

1. 营销与市场管理过程设计

东旭下属公司石家庄旭新光电科技有限公司（以下简称“旭新公司”）从原来的产品导向转变到客户导向，以客户的需求为出发点，通过充分市场调查，搜集上下游及同行业全面的市场信息，围绕客户需求与期望，设计市场营销过程，制订市场营销策略、管理市场营销活动。

2. 设计开发过程设计

1）项目设计开发过程设计

项目管理包括：新建及改扩建项目的工艺设计、工程预、决算，工程施工、工程交工验收管理；设备、电气、仪表、工程招投标（比价招标）管理；合同、技术协议签订的管理；项目资金管理、资料管理、售后服务四大部分。

2）生产过程的总体设计

总体的生产过程流程包含计划下达、组织生产实施、产品包装、产品检验四大主要环节，设计形成的生产过程总体流程图。

3）质量检验过程的设计

（1）确定“高品质、高标准、零缺陷”的质量战略。

东旭结合内外部环境分析和客户需求提出了以“自主创新”为核心的“高品质、高标准、零缺陷”的质量战略。“高品质”是指高质量的产品，基于满足用户需求，是企业保持稳定持续发展的基础；“高标准”是设计质量、制造质量、服务质量的管理水平；“零缺陷”是通过以上全员、全过程的控制所追求的质量目标。

液晶基板玻璃的生命周期规律决定东旭必须不断地开发新技术、新工艺，不断提高产品质量，才能在市场上占据有利地位，增强公司活力。“产品是躯壳，质量是灵魂”。东旭通过“学—研—产—销”的自主创新，将设计质量、制造质量、服务质量三者融为一体，整合并延伸工序间的质量管控，以精细管理为保证，以满足客户需求为宗旨，使产品达到“高精尖、高目标、高洁净度、高精度”的质量领先地位。

(2)“半导体精细化”质量文化。

东旭生产的电子玻璃产品是体现精密控制、精湛技术、精确操作的精细化产品，归属系统的半导体产业。坚持以“半导体精细化”理念管理半军事化团队，通过程序文件的系统化和精细化，运用标准化、数据化的手段使组织管理各单元精准、细化、高效、协同和持续良好运行。在管理企业方面采取“四高”的精细化手段，在管理员工及保证工艺稳定方面采取“半军事化”“双推”等管理方法，制订“全员、全过程、全方位”质量责任管理体制。

(3)“四高”要求管理企业。

“高精尖、高目标、高洁净度、高精度”是东旭秉承半导体精细化理念所提出的一种新的管理模式，要将精细化理念贯穿于整个企业的管理当中。追求产品卓越品质，提升产品创新能力，对市场先机具有前瞻性规划，通过高端产业研发及精细化管理手段，在满足客户需求的同时不断追求更高的目标，在客户要求检测项目的基础上增加玻璃条纹、流向厚度差、直角度、BOW 形等项目的检测，达到精益求精。同时，产线温度、湿度、洁净度都有极高的要求，洁净间要维持 1000 级甚至 100 级的高洁净等级环境(100 级的洁净环境相当于Ⅰ级手术室环境)。

(4)“半军事化”管理。

科学的管理必须有一套过硬的规范保证，“半军事化”管理的精髓就在于通过制度和形式使思想工作经常化、管理工作制度化、业务工作规范化，建立“集中一贯”的制度，统一员工工作思想、规范工作行为。东旭全面推进“半军事化”管理，实行“三统一”的管理模式，统一时间、统一形式、统一要求。如举行升旗仪式等形式，培养东旭人一丝不苟、精益求精的工作作风。

(5)东旭特色“双推”管理。

随着东旭的不断发展，全面推行具有东旭特色的“双推”管理，建立

《东旭集团"双推"制度管理方法》,严格查处违纪违规行为和人员。"双推"即:推进员工行为规范,推进工艺纪律严明。

(6)实行"全员、全过程、全方位"质量责任管理。

东旭建立完善的质量激励体系,每位员工都有质量绩效,体现了全员质量管理的理念并将其落到实处。全体东旭人都掌握零缺陷的思想,在生产全过程中人人想办法,本工序不制造缺陷,不流出缺陷到下工序,保证全程零缺陷。同时,制订了质量攻关活动管理办法,对于达到质量攻关目标的项目,由品质部门提出奖励方案,颁发"质量攻关达标项目"荣誉证书,进行奖励。

通过一系列的方式方法,培养东旭人一丝不苟的精神,助推东旭产线效率和良率的共同提高。随着东旭的不断发展,逐步形成具有东旭特色的质量文化:半导体精细化管理理念,实行全员、全过程、全方位管控,追求零缺陷目标。东旭各子公司之间一直保持畅通的文化沟通渠道,创办《大东旭》等各类内刊。

质量检验过程从试样、人员、设备、方法、环境、结果、客户七方面的工作着手,确保过程结果达到过程设计要求。产品生产过程中、原材料入库前、产品入库前由专职检验员检验。

3. 原料采购过程管理

采购过程是一个重要的过程,其采购产品的质量、价格、服务对整个产品的增值、盈利至关重要,在整个采购过程,从供应商确定、采购实施、检验把关等采取全过程控制。供应商都经过较长时间的供货考察,这样就保证了产品质量的稳定性,因为长期供货,双方建立了稳定的互利的供求关系,采购价格合理,各种信息得到及时沟通,并及时运用到新产品开发中去;为满足需求,采购首先确定了主要的合格供方,每月初根据生产需求和库存制订采购计划,相关采购经批准以后实施,到货后按《进货检验规程》进行严格检验,合格后方可使用,每年不定期对各主要供方进行现场评价,并对各供方的供货质量、服务进行评价,进行调整。

按 ISO9001 制订的《采购控制程序》保证了采购的正常进行,以满足生产需求;运用统计技术,对产品的采购合格率、供方的供货情况、供方的服务情况进行定期分析,对指标较低的供方进行淘汰,以保证产品质量,减少不合格产品,降低成本;对采购过程创造价值的主要指标是采购合格率和质量成本、生产成本的统计等;采购合格率的较高水准、供应商的稳定,保证了产品质量的稳定,有效地预防了产品的缺陷和返工,使成本最小化;在统计数字的基础上,进行有效改进,保证一定的采购合格率,切实提高采购产品的质量,达到更好的绩效,减少波动性,随时根据需求调整采购方案,在保证质量的情况下降低采购成本。

4. 产品实现过程

建立了一体化管理体系,奠定了良好的质量管理基础。公司根据产品特点及形成过程,运用过程方法,识别各类质量影响因素(人、机、料、法、环、测)且实施控制,并形成了一套独特的一体化管理体系,持续有效运行,以最大限度消除各种因素对产品质量的不利影响,保障质量水平的提高。

公司引入ISO9000标准,按标准要求及公司实际情况编写了《质量手册》《程序文件》等质量体系文件,建立了完善的质量管理体系。推行5S质量现场标准化管理模式,不断提高员工素养。产品质量控制的关键是对质量过程进行控制,过程控制的关键是对质量现场的控制,而质量现场控制的关键是员工的素养。5S标准化管理模式的推广(整理、整顿、清扫、清洁、素养),使员工素养不断提高,增强了员工责任意识。

5. 人力资源管理过程

公司基于“以人为本”的方针,对人力资源规划、人才招聘、培训学习、考核激励、职业发展等方面进行优化设计,形成人力资源管理体系。

6. 财务管理过程

财务管理过程包含资金管理、预算管理、成本管理三大过程,划分为内部资金业务、现金业务以及外部资金流动业务,并对其产生的符合有关规定的原始单据进行会计核算,使之符合会计准则及审计规定。

7. 信息和知识管理过程

步入信息化和知识经济时代，信息和知识管理已成为企业竞争的核心，根据战略目标和实施计划的要求，信息部构建了高效、先进、可持续改进的信息和知识管理平台。

三、过程的实施

对所设计的关键过程，本着实施（运营）、监测（关键绩效指标）、评价（过程效率与效果）、改进和创新（找出改进与创新的机会）、分享成果（全公司范围内宣传、推广，必要时拓展到客户、供方和合作伙伴及其他相关方）的总体思路，对过程实施与改进。

1. 过程的实施

公司的整体运营以 ISO9001、ISO/TS16949、ISO14001、OHSAS18001 三大管理体系为基础，通过开展体系建设活动，形成强大而完善的制度体系，对所有过程实施和控制，规范了运作模式。基于关键绩效指标体系，运用 PDCA 循环和 5M1E 对过程的实施进行监控和分析，确保过程的正常运行和满足经营的能力。

2. 产品开发过程的实施

产品研发过程划分为“策划、方案设计、评估、试生产、市场推广”五个子过程。为确保产品开发过程各个环节的有效实施、实现产品效益最大化，相关方定期对各个子过程实施过程情况进行汇总分析，做到以下几点：

（1）持续改良工作流程，不断完善和创新管理制度。

（2）实施项目责任制和成本目标分解，优化项目组成员构成。例如，原来的项目组成员只是来自公司内部的生产、技术、质检、销售等部门，后经改良拓展到供应商和客户代表，充分调动多方资源，减少开发失误，降低开发成本。

（3）通过改良和引进先进实验设备，分析实验结果，建立实验数据、相关图片及故障模式等知识库,为实验的改进提供依据,避免重复试验。

3. 项目管理过程的实施

项目管理细分为五个子过程,即工程立项、工艺造价,工程招标、工程建设、工程验收,按照相关规定实施,并通过以下改进措施来实现项目管理最优化:

(1)持续改良工作流程,不断完善和创新管理制度。

(2)实施项目责任制和成本目标分解,严格控制预算,减少工程管理失误,降低成本。

(3)工程结束,形成分析报告,纳入知识库管理,为工程管理的改进提供依据,避免重复失误。

4. 生产过程的实施

生产过程的实施是一个持续改进的过程,包括技术创新、产品指标改良、优化质量方案、降低生产成本、提升产品良率等,必须做到以下几点:

(1)持续优化工作流程,不断完善和创新生产管理制度,成立成品车间,优化工作流程。

(2)进行成本目标分解,严格控制预算。

(3)不断改进与创新技术和管理,减少生产管理失误,减少不合格产品的发生,降低生产成本。例如,应用统计过程控制软件(SPC),在生产过程中对主要运行参数进行统计分析,对生产过程中不符合指标的参数及时进行调整,降低质量损失。又如,采用托盘回收使用及增设垫布的方法,降低生产成本和有效预防包装薄膜的破损,从而满足相关方对交付时间、品质稳定、成本降低的需求;特别是将节能降耗列为关键子过程进行重点控制,并取得了显著成效。

(4)节能降耗工作的开展:参照《能源管理体系要求》(GB/T 23331—2009),建立节能降耗管理体系,不断引进和采用新技术、新设备。

5. 质量检验过程的实施

质量检验包含原辅材料检验、中间产品检验、成品检验、溶液配制、产品审核、设备管理等过程,按照国家实验室认可及公司管理体系要求实施,不断完善质量检验过程。

6. 原料采购过程的实施

采购过程包含供应商管理、采购计划及定价管理、采购合同订立、采购管理等过程,按照相关规定实施。

采购绩效指标的有效运用,实施目标管理。年初制订采购计划,将目标任务分解至每位采购员,签订承包责任书,包含原料的数量、质量等重要指标。责任书规定具体的奖惩办法,实行月度考核、年度累计。

完善采购过程的实施,严格执行各项采购制度,确保采购过程的有效性。在提高采购过程有效性和效率、追求成本最优化方面,通过月度分析例会,对照公司全面预算的成本目标进行成本分析,并通过以下措施来实现采购成本的最优化:

(1)持续优化工作流程,不断完善和创新采购管理制度。

(2)进行采购成本目标分解,严格控制采购预算。

(3)从生产厂商直接采购,减少中间环节,压缩中间商供货量。

(4)根据地域原则,就近采购,减少运输费用。目前在150公里采购半径范围内最具实力的原料供应企业已全部成为东旭的重要原料供应商。

7. 市场营销过程的实施

市场营销过程包含销售计划管理、客户关系管理、定价管理、客户投诉处理、退换货管理等过程,按照相关规定实施。以"信誉为本,合作共赢"作为营销观,稳定国内市场、面向国际市场、开发高端市场的经营策略,视"诚信服务"为企业的生命,努力打造利益共同体,实现与客户的共赢。并通过以下措施来实现销售成本的最优化:

(1)持续优化工作流程,不断完善和创新销售管理制度。

（2）进行销售成本目标分解，严格控制销售预算。

（3）调整品种结构，提升玻璃基板品质，加大力度销售利润相对较高的品种，在现有客户基础上，争取其他品种的市场份额。

（4）对回款率、产销量等内容实施目标管理；加强对产品储运和防护方面的监督，预防过程缺陷，使营销过程成本最优化。

8. 人力资源管理过程的实施

人力中心按照过程设计建立人力资源管理体系，制订完善《人力资源管理制度》，实施人力资源管理。

人员招聘、人员分配、人员管理必须结合公司发展规划和用人需要，在降低人员成本的同时，实现定向招聘，确保人员质量。

（1）持续优化工作流程，不断完善和创新人力资源管理制度。

（2）适度进行人力资源成本目标分解，严格控制人力资源管理费用的预算。

（3）每月进行全面的人力资源分析，形成分析报告，纳入知识库管理，为人力资源管理的改进提供依据，避免重复失误。

（4）创新招聘方式，多种渠道引进和开发公司发展所需人才，提升招聘和引进人才的成功率。

（5）不断改善员工工作环境，营造良好的工作氛围，增强企业凝聚力，拓宽员工晋升渠道、减少员工流失，从而降低成本。

9. 财务管理过程的实施与改进

财务部根据年度经营计划制度年度预算确定资金需求，采用多种方式筹集资金，保证资金需求。制订规范的财务制度，严格按制度执行来加强资金管理，提高资金的使用效率。目前，需要改进的工作是定向开发预算模块。

四、过程的改进

通过分级管理（部门分级、问题分类）、管理评审会议、自我评价等方式，评价过程实施的有效性和效率，并通过5S推动、流程优化、改变管

理方式、工艺优化等加以改进，使过程与战略规划和发展方向保持一致。

1. 产品开发过程的改进

产品开发起始于客户需求，终止于客户满意。当客户对玻璃基板的某些性能提出要求时，我们进行调整和开发，以满足客户需要。

2. 项目管理过程的改进

建立和完善项目管理制度，建立和完善对承包商的资质和信誉的控制和审查，对施工单位各类专业技术人员资格进行审查，采取各种有效的技术和施工方法确保质量符合标准，通过监理工程师的严格检测和检查，确保施工质量符合技术法规规定。

建立健全合同管理制度，制订合同的招投标制度，严禁工程中分包和转包现象，明确合同条款、发包人和承包人的权利和义务；加强合同法律意识和合同管理意识，培养专业合同管理人才，建立严格的施工管理工作制度，使合同管理贯穿于合同签订、执行的所有环节。严格工程进度款的审核和支付，以工程进程款为主线严格控制工程进度，保证施工质量。

3. 生产过程的改进

玻璃基板生产过程的改进：从生产组织、工艺管理、质量控制三方面对有效性和效率进行评价和持续改进。收集公开信息、专业人员对外交流、与大专院校合作、识别改进机会。

4. 质量检验过程的改进

在日常的检验工作中，为了提高工作效率，降低差错率，不断对检验过程管理进行改进，为了提高检验水平，对检验设备也进行了多次的改进。

5. 原料采购过程的改进

制订了《供应商风险评价细则》。对供应商的各种风险做出了量化指标，公司相关部门定期对所有供应商进行全面评价、层层把关，从而将供应商的风险降到最低。

6. 市场营销过程的改进

为适应公司经营环境、发展情况和客户需求的变化,实现公司经营目标,利用审核、用户要求识别等活动识别改进机会,与生产、技术等相关部门分享客户要求等信息。通过管理诊断和管理评价机制来确定组织机构、业务流程和新技术、新方法等方面的改进方向。

7. 人力资源管理过程的改进

根据公司战略规划,人力资源管理不断的优化与改进,近三年,对人才的引进、培养、激励以及人力资源流程再造、梳理等获得了很大成效。

8. 财务管理过程的改进

为提高财务工作的效果与效率,建立了较为顺畅的财务信息传递渠道,以便为公司的经营管理决策及利益相关方提供及时准确的财务信息。

会计核算:公司积极跟踪国家会计准则和会计制度的最新动向,并据此对财务会计制度和规定进行调整与更新,明确了一般会计处理和期末关账、关联方交易管理、财务报告及信息披露的处理程序,为会计核算及财务报告的规范性、及时性、合规性提供了良好保证。

第三节　客户与市场的精细化管理

公司以战略为指引、客户为导向,建立了“市场快速反应机制”,确定公司客户群并锁定关键客户,按照客户对产品和服务的不同需求进行市场细分,进而确定目标客户市场。建立起“长期、稳定、合作、共赢”的客户关系,赢得和保持客户的满意,实现客户与公司的共同发展。

一、客户和市场的开发

公司通过客户走访、日常交流、行业会议等多途径了解并确定客户需求、期望和偏好,结合公司战略规划,通过持续不断满足客户需求,拓展现有市场,开发新市场。

二、客户和市场的细分

1. 确定细分市场的客户

准确的市场定位是公司经营成功的关键要素，公司通过对客户和市场信息的广泛调查、收集、分析和研究，根据不同客户的需求特点结合公司战略发展和自身竞争优势，锁定客户群并确定公司的关键客户，市场部按照《市场营销管理规范》中所规定的市场细分及客户分类的方法，选择和确定客户群。

细分原则：根据市场及客户的特点、所在区域和行业、规模、需求量、质量要求、价格、信誉等进行市场及客户群的细分。

2. 选择目标客户群

通过市场调研，搜集各个区域的市场政策，竞争状况、需求状况等信息，掌握每个细节市场存在的机会与威胁，结合公司的优势与劣势，确定目标市场的关键客户群。

随着公司规模的日渐壮大，产品质量的逐步提升，实时调整市场战略，目标客户相应由国内转向国际，由单一转向多元。

3. 开发潜在客户

在维护现有客户的基础上，多方面进行市场考察，借助卓创资讯，百川资讯，液晶玻璃协会、客户恳谈会及走访调研等方法有效地识别、评估并确定目标市场的潜在客户及竞争者的客户。继而通过满足潜在客户的特殊要求，直接开发潜在客户；通过经销公司间接开发潜在客户。

目前TFT液晶显示玻璃的客户都在开发中，关系较为稳定，暂没有失去客户。公司对客户做好了充分的准备工作，例如定期的拜访，召开工作会议了解客户动向，以稳定的产品品质、诱人的产品价格和满意的服务征服客户，稳定客户。

4. 以客户需求为核心

企业始终把“满足客户需求”作为自己的质量工作方针。公司始终坚持客户导向,以客户的需求为出发点,在产品开发上,以客户的需求为源头,做到站在客户需求的立场上进行产品改进,尽可能地预先把客户的"不满意"从产品本身去除。建立以客户导向的组织,时刻关注客户需求。并不断完善产品服务系统,最大限度使客户感到满意。针对不同的客户群寻求不同的了解途径。

关注市场,动态分析客户需求与期望,使其了解方法与时俱进。

(1)定期召开全体销售人员参加的销售会议,通过综合分析,了解市场与客户当前状态,预测市场短期及长期走向,进而评估了解客户需求与期望的方法的实时性、实效性,对其方法不断做出更新,与公司发展方向保持一致。

(2)结合战略规划,对营销机制进行改进完善,及时调整对不同客户需求与期望的了解途径,以得到更准确、更全面、更深入、更有利的客户信息与市场信息。

三、客户关系与客户满意

客户关系的建立与企业的发展是息息相关的,公司的职业道德规范核心是为用户服务,要求在具体的服务实践中,做到以礼待人、以诚感人、以理服人、热情礼貌。赢得客户的赞许,是对公司服务质量评价的莫大鼓励。

公司始终坚持"以客户为中心"的服务宗旨,以自主创新为核心的"三位智创"质量管理模式为指引,通过构建符合产业特点的"全过程24小时零距离服务保障体系"与"360°问卷测评体系",为客户提供高品质的产品与服务质量。

1. 全过程24小时零距离服务保障体系

全过程是指从产品设计、产线设计、产品制造及客户使用的所有阶段,如图5-1所示。

图5-1 全过程服务保障体系

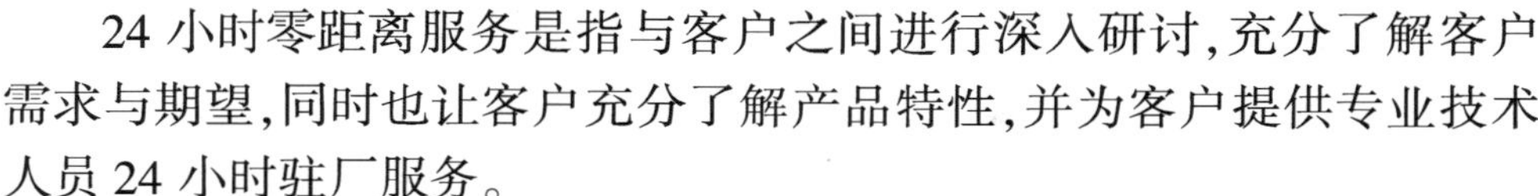

24 小时零距离服务是指与客户之间进行深入研讨，充分了解客户需求与期望，同时也让客户充分了解产品特性，并为客户提供专业技术人员 24 小时驻厂服务。

1）产品设计、产线设计阶段的服务保障

首先，通过与目标客户进行零距离深入研讨，确立客户对产品所有性能指标的现行要求及未来期望；其次，由国内外专家组成的东旭研究团队进行产品设计及产线设计，从工艺布局、装备设计及材料选择等方面保障最终产品质量。如在液晶基板玻璃产线上采用独特的铂金通道设计，是生产出高质量液晶基板玻璃的必要条件。

2）产品制造阶段的服务保障

首先，通过与目标客户进行零距离深入交流，持续了解客户的品质需求；其次，在原材料品质管理方面，不仅对每一批次进行严格管理，同时通过每年一次的供应商质量稽核及质量保障能力评估，推动供应商进行品质提升，以此来保障原材料的高品质及稳定性；第三，在制程品质管理方面，通过 SPC、DMAIC（定义、测量、分析、改进、控制）等质量管理方法，生产出稳定性好的高质量产品。如液晶基板玻璃整板颗粒的改善，改善前平均 150 个/片，通过运用 DMAIC 方法改善后，降低到 25 个/片的水平，颗粒改善数据对比如图 5-2 所示。

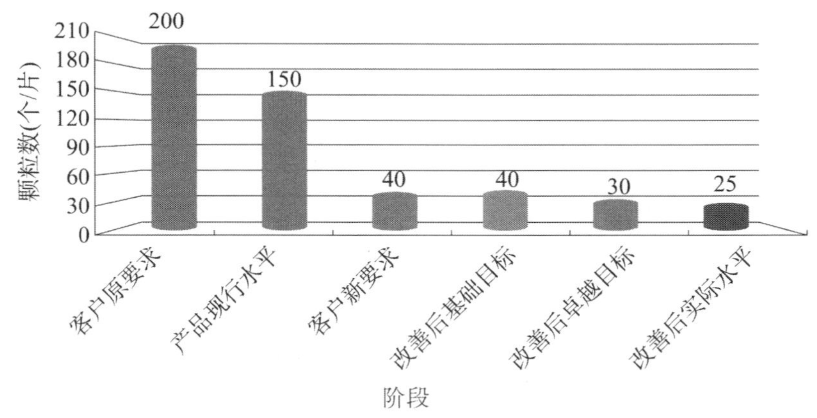

图 5-2　颗粒改善数据对比

3)客户使用阶段的服务保障

除了提供常规的客户服务,为了让客户深入了解东旭产品的特点,使产品更好地与其工艺融合,生产出更优质的产品,东旭特别为客户提供专业技术人员24小时驻厂服务,驻厂技术人员与客户一同攻克技术难题。

2.360°问卷测评体系

公司本着“以客户为中心”的服务宗旨,根据ISO9001质量管理体系对“客户满意”方面的要求,结合行业特点,采用国际上通用的客户满意度指数测评方法。从“产品质量及质量服务”“市场营销服务”两方面、19个指标进行360°测评,以“问卷调查法”的形式每年开展一次客户满意度调查,如图5-3所示。数据采集后对各项指标进行分析,找出影响客户满意度的问题点,通过运用PDCA、DMAIC等质量改善方法对问题点进行持续改进,以此满足客户期望,提升客户满意度。

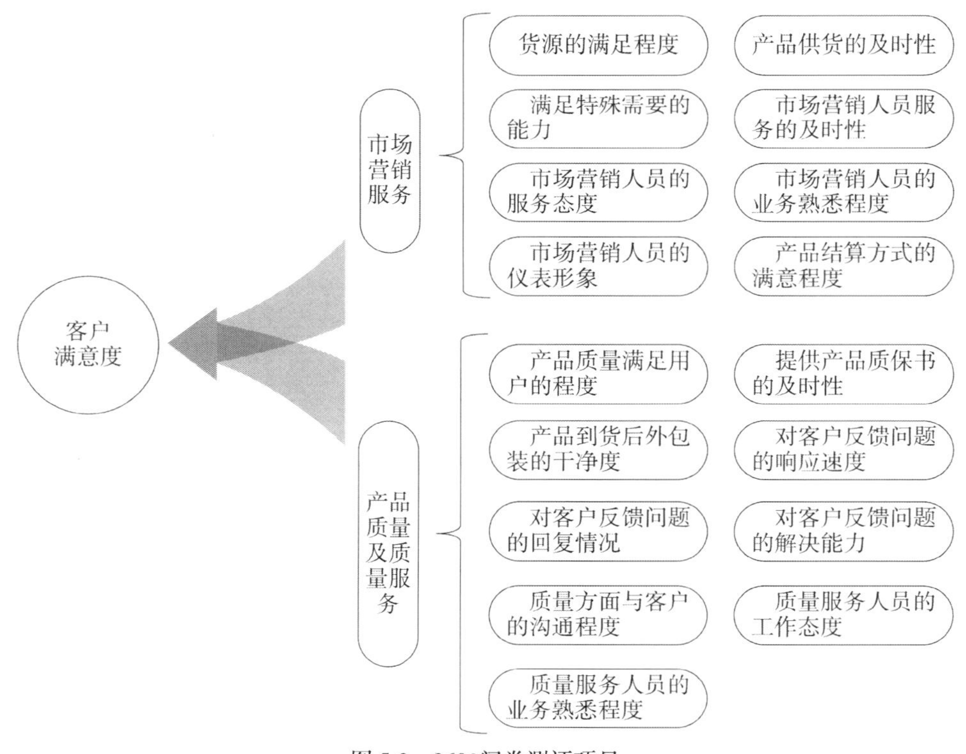

图5-3　360°问卷测评项目

3. 投诉管理

(1)秉承“公平、公正、真诚、快捷”的客户投诉处理原则,建立了以市场部为核心部门,研发部为督导部门,主管副总、生产技术及辅助部门全员参与的客户诉处理机制,并规定了客户投诉处理流程。

(2)不断完善《客户投诉管理规定》,对客户投诉进行分类管理,分性质区别对待,其中明确规定对于重大投诉,在 12 小时内给予客户回复,72 小时内相关人员赴现场核实情况,同时内部组织召开分析会议,及时制订整改措施及解决方案。目前,公司对客户投诉处理的及时性及有效性得到了客户一致肯定。

(3)研发部对实施进度及效果进行跟踪验证,并将好的实施结果延伸到其他环节及客户,避免类似事故重复出现。

4. 以客户为中心,建立客户关系方法的多样性、创新性、适应性

(1)利用月度销售会议,了解客户与市场现状,预测客户与市场发展趋势。通过对客户及竞争对手的信息汇总,评估销售经理与客户建立关系的办法,制订新的沟通计划,以稳固与客户之间的关系。

(2)通过电话会议、网络会议、销售会议等方式,及时向销售人员传达公司的新政策新计划,并且根据公司发展计划及战略目标更新客户关系管理模式。

(3)通过报表形式,对产品销售形势及客户增减情况进行跟踪,适时调整销售团队结构,保证正确的人员在正确的时间以正确的方式建立并维护良好的客户关系。

5. 客户满意度的测量

公司整个经营活动一直以客户满意为宗旨,从客户的角度、用客户的观点来分析、考虑消费者的需求。公司每年进行一次客户满意度调查,目的在于监视与测量客户满意度,了解与掌握客户对本产品及服务等方面的需求信息,采取适当措施,满足客户需求,增进客户满意。对每年一度的客户满意度调查结果,相关部门必定认真分析总结,得到统计

数据不是目的，关键在于通过数据的分析找出企业现有差距和不足，从营销业务、产品与服务、客户认知、客户关心事项、竞争对手及其他意见建议等几个方面深层次挖掘，通过调研结果反映出的问题及时修改弥补、加强完善，从而有效调整集团相关销售策略和价格政策，有力打击竞争对手，增强企业实力。

客户满意度主要测量方法，以上年度调查情况与同行业、同类产品对比结果为依据，结合年度目标为发展方向，确定最合适的客户满意度基准，制订客户满意度测量年度计划，发放客户满意度调查问卷，通过分析汇总，获取最有用的信息。

对满意度测量结果进行分类对比，评价分析、加以整合、用以改进。

6. 动态管理，不断改善服务方式

本着合作共赢的原则，通过驻外人员与内勤人员有分工又有合作的服务方式，公司高层与基层全员参与的跟踪服务，生产、技术、销售等跨部门的联合服务，实现对产品和服务的动态管理，及时获得客户的反馈信息，为客户提供一流的售后服务。

第四节　质量安全管理

“三位智创”管理模式将产品设计质量、制造质量、服务质量三者融为一体进行安全管控。以质量管理金字塔模式为基础，如图 5-4 所示，在设计质量方面追求技术完整性、先进性、准确性、合理性及人文性；在制造质量方面追求工艺先进、装备稳定、节能环保及安全操作；在服务质量方面追求与客户共赢，以赶超国际先进水平为目标，为社会提供满意的产品和服务。

东旭以质量为核心，以诚信为基础，设质量管理委员会，在“三位智创”管理理念指导下，通过全员“四有”（有发现、有分析、有解决、有跟踪）质量责任体制，搭建“用户体验全跟踪”的客服平台，建立“预防、监控、改进"的风险防范机制，探索出具有产品特色的质量安全管理实践。

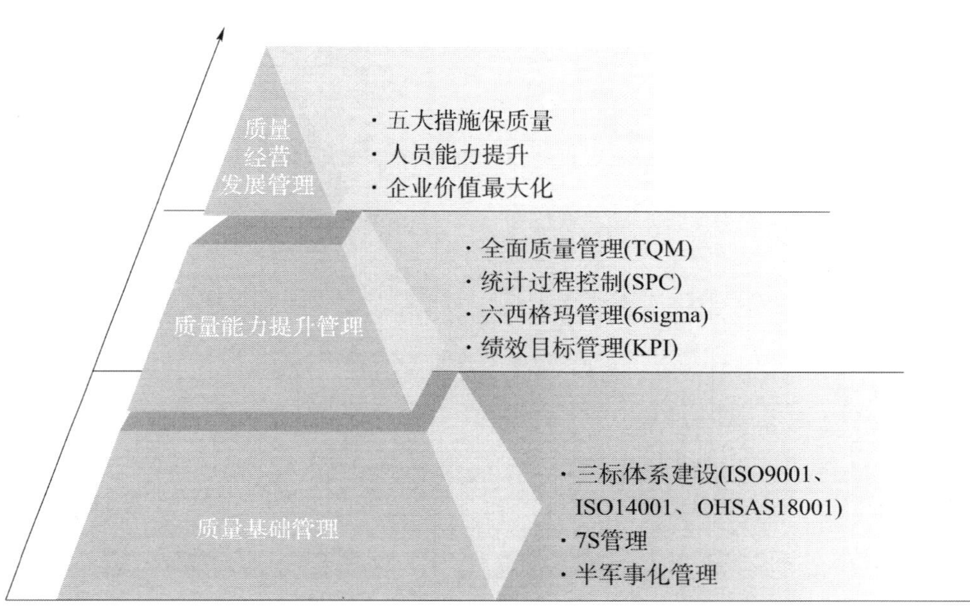

图 5-4　质量管理金字塔

一、质量责任

东旭的核心产品液晶基板玻璃，是光电显示产业上游最核心的器件之一，走向市场后将进一步延伸国内的光电产业链，对吸引更多的下游模组厂和整机厂，最终形成完整的光电显示产业集群，将发挥重要的作用。东旭有责任发挥自主创新优势，打破国外技术壁垒。为此，东旭建立"散点归一"的质量安全组织架构，秉承着"半导体精细化"全过程质量理念，全面贯彻"四有"责任质量管理制度。

1."散点归一"的组织架构

东旭下属品质保障机构众多，为实现统一要求、宏观管控，东旭建立以董事长为第一责任人，质量管理委员会为责任机构，下属子公司品保部门业务相对接的“散点归一”的质量安全组织架构，如图 5-5 所示。

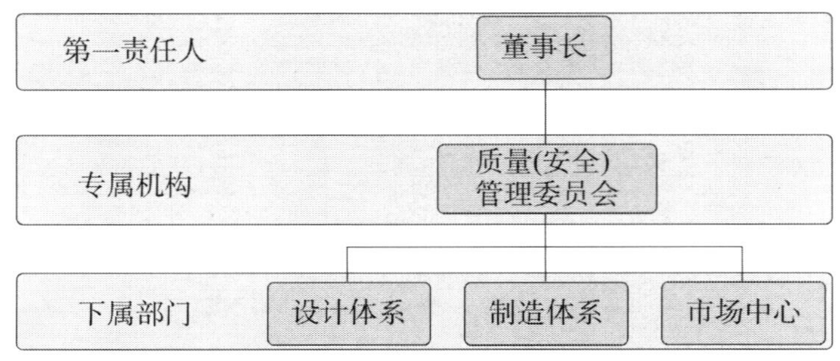

图 5-5　质量安全组织架构

质量管理委员会职责：

(1)建立环境质量保证系统，实施并持续改进。

(2)内外部环境信息和法律信息的沟通及处理。

(3)产品质量安全内部审核的管理，向董事长报告内部审核结果。

(4)在公司内部发生有害化学物质异常时，停止产品的发货和原材料的使用。

2. 全过程质量管理理念

东旭在质量责任管理中强化“半导体精细化”管理理念，在质量过程控制中导入质量管理相关的数理统计理论和方法，质量监控机制中强化管理评审监控，质量考核体系中强调品质损失，实行全员全过程全方位管控，追求零缺陷目标，铸就“大东旭”质量，如图 5-6 所示。

1)导入先进理念的质量过程控制

东旭引进数理统计分析工具，在质量过程控制系统中导入行业质量体系模式，应用失效模式及影响分析(FMEA)有针对性地控制潜在影响因素，减少质量波动；推行统计过程控制(SPC)，建立质量预警机制，提高过程能力。

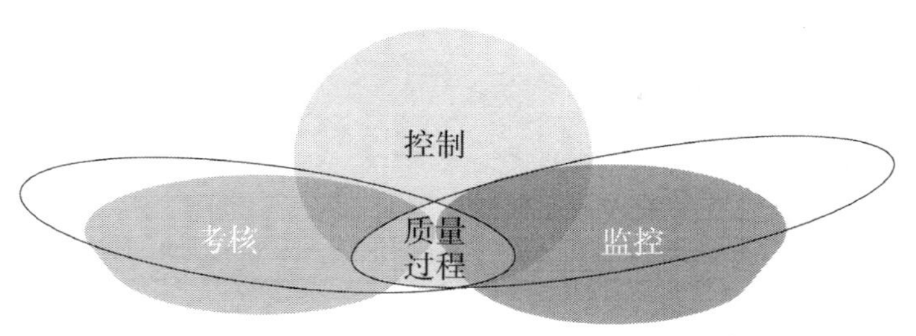

图 5-6　全过程质量责任

2) 强化管理评审的质量监控机制

东旭改变过去常规形式化管理评审，将年度计划的形成过程、领导班子办公会、月度生产例会、月度生产经营分析会和对标挖潜会、各专业系统的阶段例会全部融入管理评审，实现了质量体系重点从管理层面向操作层面转变。

3) 强调品质损失的质量考核体系

东旭的质量考核体系不再以产品合格率作为主要考核目标，而是依照在生产过程中的不合格品质损失。通过《各类改制、降级产品及其质量损失和免奖明细》建立专门的质量统计报表，将指标完成情况与员工奖金挂钩，极大地调动降废减损的积极性。

3. “四有”责任质量管理制

在“半导体精细化”全员、全过程、全方位管理理念指导下，质量(安全)管理委员会组织建立“四有”责任质量管理制度(以下简称“四有”制度)，如图 5-7 所示，贯穿于形成产品质量的设计过程、制造过程、服务过程，做到出现质量问题，有发现、有分析、有解决、有跟踪。

在产品设计研发阶段，“四有”制度中产品品位评价和改善流程如下：

(1) 市场营销(子公司营销部)收集客户及竞争对手的信息，制订新产品需求信息报告给质量(安全)管理委员会。

(2) 质量(安全)管理委员会依据产品品位需求，制订品位改善目标和月度计划。

(3)技术中心根据月度计划完成品味改善目标,提交品位改善的半年度/年度评价,内容包括客户信息和竞争对手的对比分析,品位改善的执行情况,报给质量(安全)管理委员会。

(4)新产品经质量(安全)管理委员会确认后下发子公司组织生产,子公司品保部要对认证产品进行客户符合性自我评价确认。

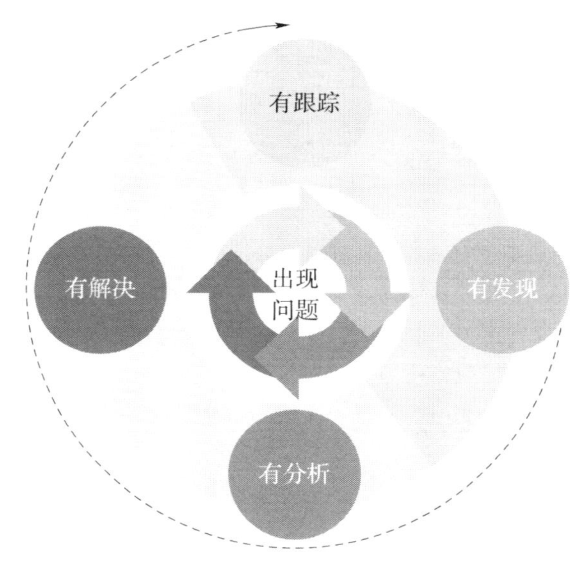

图 5-7 “四有”责任质量管理

在产品生产阶段,“四有”制度要求各子公司定期提交品质管理现状报告给质量(安全)管理委员会,内容包括:

(1)产品质量完成情况。

(2)产品质量问题及原因分析。

(3)质量问题改善对策及效果分析。

(4)经验教训及成果推广。

(5)市场品质跟踪情况。

在产品服务阶段,“四有”制度要求市场营销(或子公司营销部)收集客户端的品质信息,紧急报告给子公司品保部和质量(安全)管理委

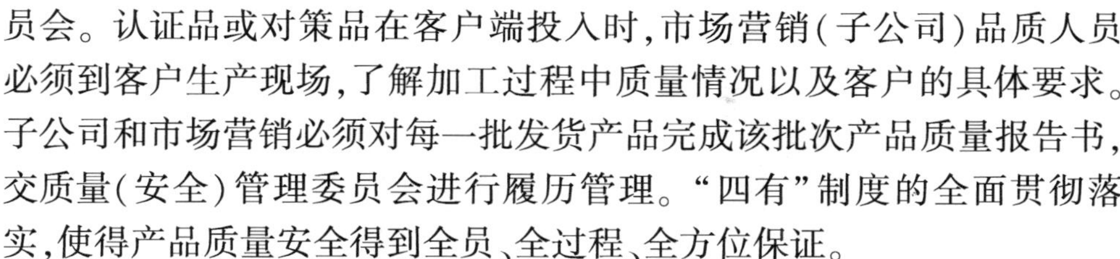

员会。认证品或对策品在客户端投入时，市场营销（子公司）品质人员必须到客户生产现场，了解加工过程中质量情况以及客户的具体要求。子公司和市场营销必须对每一批发货产品完成该批次产品质量报告书，交质量（安全）管理委员会进行履历管理。“四有”制度的全面贯彻落实，使得产品质量安全得到全员、全过程、全方位保证。

4.“零缺陷产品追溯”模式

为降低玻璃产品在连续性生产过程中的不合格品误判风险，当内部质检人员检出不良品，东旭采取“零缺陷产品追溯”模式，如图 5-8 所示，将近时段内已经判良的产品进行报废追溯检验，做到“不接收不良品，不制造不良品，不流出不良品”。

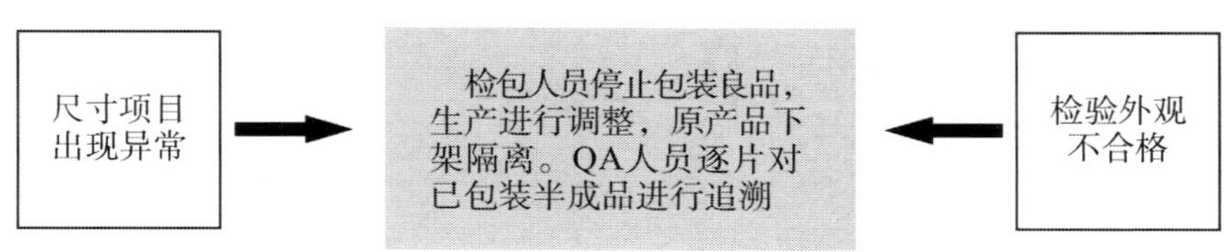

图 5-8 “零缺陷产品追溯”模式

5.“四及时”质量管理制度

从“客户服务第一”的角度，东旭建立“四及时”责任质量管理制度，如图 5-9 所示，从产品需求调研、产品研发、产品生产、供应链到客户端均严格执行质量跟踪管理体系，做到出现质量问题，及时发现、及时分析、及时解决、及时跟踪。

二、质量诚信

“产品质量无缺陷，客户服务无抱怨”是东旭人的质量安全承诺，通过打造绿色产品，提供“用户体验全跟踪”的客户服务，赢得客户信任。为构建“绿色东旭”，坚持科学发展、绿色发展理念，东旭严格遵守国家有关安全生产、环境保护的法律法规，通过打造绿色产品，提供“实地零距离”客户服务，实现互利共赢。

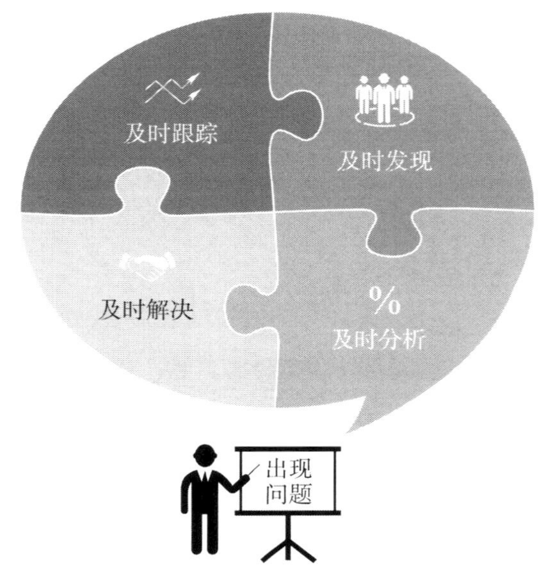

图 5-9 "四及时"责任质量管理制度

1. 打造绿色产品

玻璃为一种稳定的不易燃物，处理时产生的粉尘颗粒可能对眼、鼻、喉、肺等器官具有刺激效应，食入或吸入其中含有的金属元素会产生一定的生理伤害。根据中国《电子信息产品污染控制管理办法》及《GP 管理物质清单》等环保要求，东旭通过与原材料供应商签订《供应商环保承诺书》，从源头上限制使用铅、汞、砷等 10 种有害物质，并在过程中管控，确保符合欧盟 RoHS、REACH 等环保要求的绿色产品。

2. "用户体验全跟踪"的客户服务模式(图 5-10)

东旭人重视客户体验，国内每个客户从开发期就由唯一的销售经理进行售前、售中及售后的全程跟踪服务，公司对销售经理施行考核制，保证了客服的高效性、及时性。

对国外客户的船运公司使用 GPS 卫星跟踪系统，可以实时监控每条船的卫星画面，跟踪产品运输路线，保证产品交付的及时率及完好率。

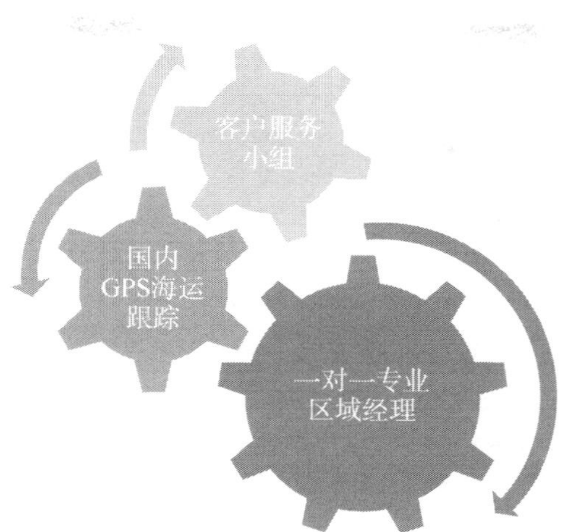

图 5-10 “用户体验全跟踪”的客户服务

东旭设置专门的客户服务小组，由品保、技术、生产等人员组成，在客户有任何异议或需要技术走访时，会定期不定期地由专业人员进行走访，以了解客户需求，解决客户问题。对 VIP 客户公司，由研发部专人定期与其技术人员沟通交流产品、技术等问题，随时为其提供优质服务。

3. 让客户安心的不合格品追溯模式

产品的抽样检查为破坏性检查，为了减少抽样检查对不合格品误判风险，出现不良品时，根据不合格品追溯制度将已经判定为良品的半成品进行报废追溯检验，力求客户安心。所谓不合格品追溯模式即当 QA 人员在抽样检查中发现产品长宽尺寸、直角度、研磨幅极差、倒角尺寸等尺寸项目出现异常或者出现划伤、脏污、颗粒等检验外观项目不合格，要立即以品质联络单的形式通知后加工检包人员停止包装良品，并下品质联络单通知生产进行调整，原 A 型架上产品下架隔离，待 QA 人员进行追溯。QA 人员逐片对已包装半成品进行追溯，至连续抽检 3 片品质数据满足标准为止。

4. “实地零距离”客户服务，打造互利共赢诚信体系

为满足客户要求东旭提供专业技术人员 24 小时驻厂服务，建立

从客户投诉信息反馈、原因调查分析、问题处理解决到客户效果确认为一体的“实地零距离”客户服务系统，对客户端在产品使用过程中发生的一切问题给予快速响应，逐步形成“1-3-7”客户响应机制，如图5-11所示。

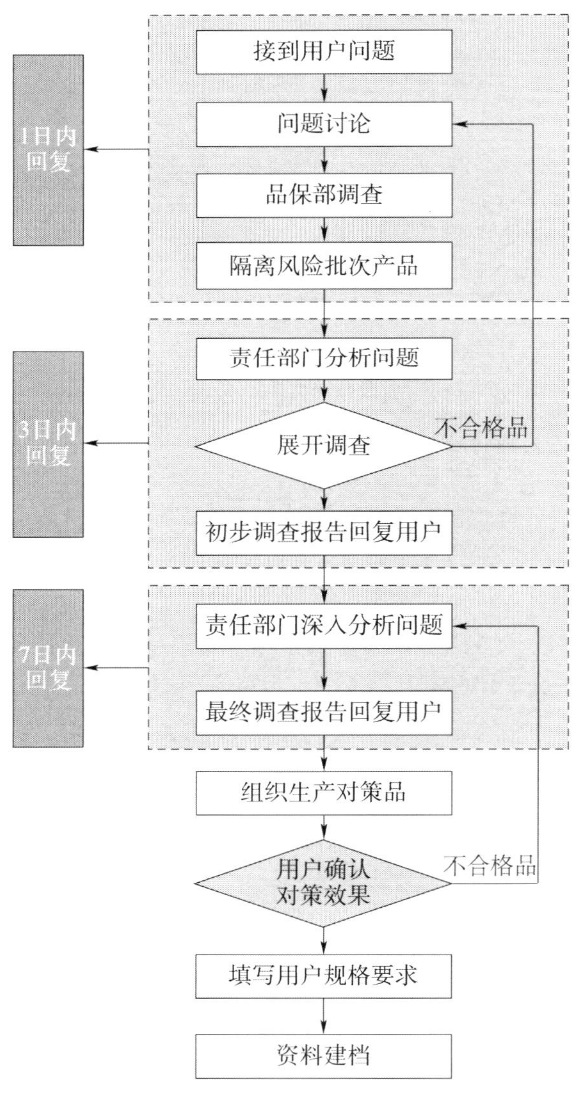

图5-11 “1-3-7”客户响应机制

三、风险管理

通过发挥以自主创新为核心的“三位智创”的管理模式优势，建立“预防、监控、改进”的风险防范机制，从源头上保证产品安全。

1. 贯彻环保安全理念的预防机制

严格贯彻国家的《环境保护法》《安全生产法》等相关法律法规，通过《环境因素识别与评价程序》《危险源识别与风险控制程序》《过程的监视和测量程序》等文件的贯彻执行，对环境因素和危险源实施预防和控制，实现了环保和职业健康安全目标，并通过欧盟 REACH 法规注册。

2. 高效防错的质量检验监控机制

不断改善检测测量设备，升级分析检测测量系统，并在客户要求检测项目的基础上增加玻璃条纹、流向厚度差、直角度、BOW 形等项目的检测。为提高分析能力，增添了在线监测设备和理化分析测量设备，保证产品品质数据的精度和准确度。

3. 以自主创新为核心的改进机制(图 5-12)

依托公司以自主创新为核心的“三位智创”技术优势，在产品生产全流程，对风险进行识别、衡量、控制以及评价。

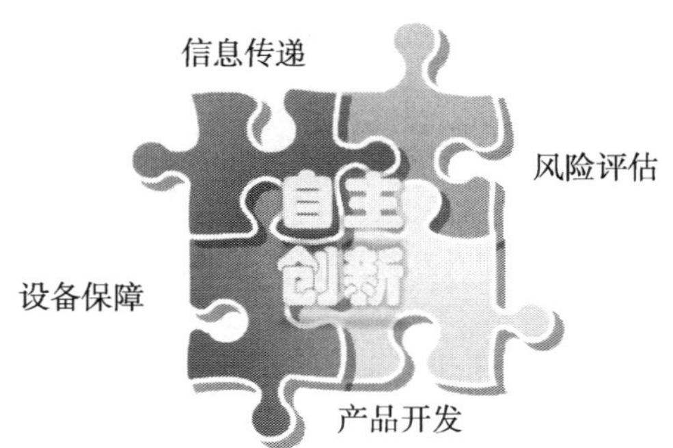

图 5-12　自主创新为核心的风险改进机制

1)立足市场的风险评估

为适应公司经营环境、发展情况和客户需求的变化，通过收集公开信息、专业人员对外交流、与大专院校合作，从生产组织、工艺管理、质量控制三方面对风险的有效性和效率进行评价和持续改进。

2)需求驱动的产品开发

产品指标的持续改进、新产品的研发坚持以客户需求为导向的理念,产品市场需求发生变化时及时调整产品开发过程,满足客户需求。

3)稳定节能的设备保障

为实现稳定、高产、高质,良好的设备保障系统至关重要。东旭开展技术创新,改进升级设备系统,为生产提供更为可靠的保障,实现节约降耗。

4)实时准确的信息传递

为提高工作效率,降低差错率,利用实验中心电子报告系统,开发完成了报告单开具系统,实现实时传递,采用防错技术减少差错。

公司“预防、监控、改进”的质量安全风险信息收集及防控机制致力于提高东旭产品质量安全监控针对性和有效性,避免发生风险事故或减少风险事故造成的损失。

4.“两全”可视化智能风险信息系统(图5-13)

利用产品从出厂到客户应用信息的“全过程智能控制、全要素信息反馈”的可视化智能云平台管控系统,实现产品从生产工厂到客户应用的全程监控,实现产品生产、运输、使用等全过程信息及时反馈及快速处理。

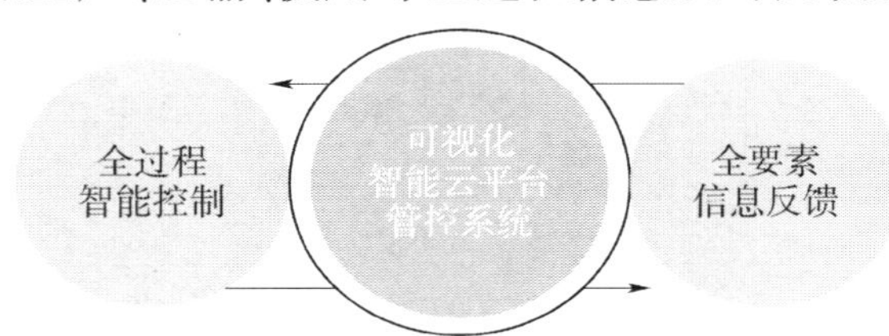

全过程智能识别控制系统为东旭与客户建立了实时的信息交流平台，在液晶基板玻璃制造领域，东旭率先建立了基板玻璃智能识别管控系统的开发与应用，实现了公司产品从工厂到终端客户使用情况的全过程智能监控，基本实现了公司产品的全程信息的可追溯性

全要素信息反馈是指玻璃基板从生产、仓储、运输、使用及工艺改进等为一体的各要素信息反馈、处理系统机制，实现与客户就产品数据信息的及时共享，为及时识别问题产品归属、改进产品品质、提升客户满意度提供了真实的可视化的大数据信息

图5-13 “两全”可视化智能风险信息系统

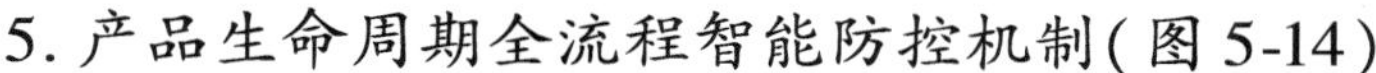

5. 产品生命周期全流程智能防控机制(图 5-14)

东旭质量安全全流程防控贯穿产品生命全流程,立足核心技术优势,应用智能制造技术,从产品需求调研、产品研发、产品生产、供应链到客户端开展产品生命周期全流程防控,质量风险“首先发现,发现必灭”。

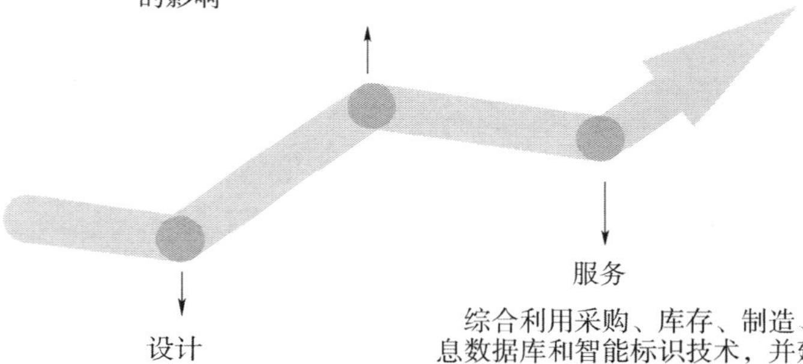

图 5-14　产品生命周期全流程智能防控机制

第五节　质量创新

以自主创新为核心的“三位智创”质量管理模式中,其质量创新以 CMBQI 质量创新模式为理论基础,采用科学的技术方法,进行改进攻关,从设计、制造、服务三个领域提高质量。

一、理论模式

质量创新模式(Create Maintain Breakthrough Quality Innovation,简称 CMBQI),如图 5-15 所示,即创造性质量创新模式(Create)、维持性质量创新模式(Maintain)与突破性质量创新模式(Breakthrough)三者并存的质量创新模式。通过不断强化质量管理与持续改进,产品质量得到稳步提高,质量趋势良好。

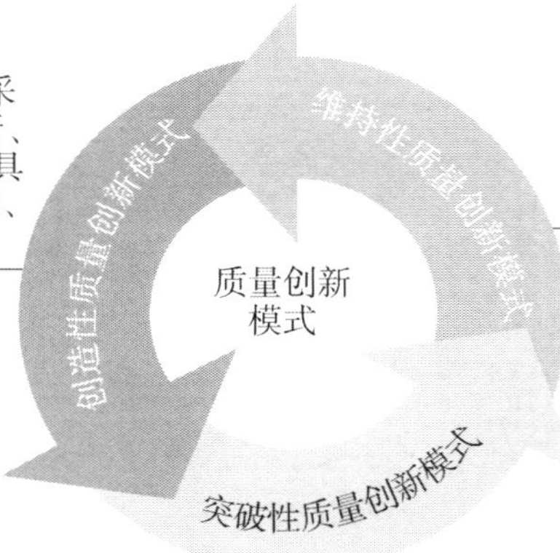

图 5-15　CMBQI 模式

1. 创造性质量创新模式

创造性质量创新模式主要是基于东旭研发创新平台,采用 DFSS、DOE、方差分析、回归分析等先进理念和工具以自主设计开发新产品、新技术、新装备的机制。

随着社会发展,产品更新换代的进程逐步加快,这就意味着产品要不断推陈出新,需要采用创造性质量创新模式来实现这一过程。

东旭以振兴民族光电产业为已任,通过自主创新在光电产业上取得多项成绩,开创出多元化产品。在 PDP 基板玻璃转型生产高铝触控玻璃工程项目中,设计开发阶段创新采用 DFSS、DOE、方差分析、回归分析等多种方法对质量特性数据进行差异分析、比较,建立质量特性与其所有影响因子的定量关系,合理的安排各项试验,从原料入口严格把好各项质量关,成功下线并规模化生产 1.1 ~0.4mm 高铝触控玻璃。

在创造性质量创新模式下,公司成果显著:

(1)为满足欧盟 RoHS、REACHSVHC 等环保安全法规要求及客户 GP 方面特别要求;

(2)液晶基板玻璃产线从 4.5 代、5 代升级到 5.5 代、6 代,品种从 0.7mm 增加到 0.5mm、0.4mm、0.3mm;

(3)国内独家的 PDP 基板玻璃成功生产;

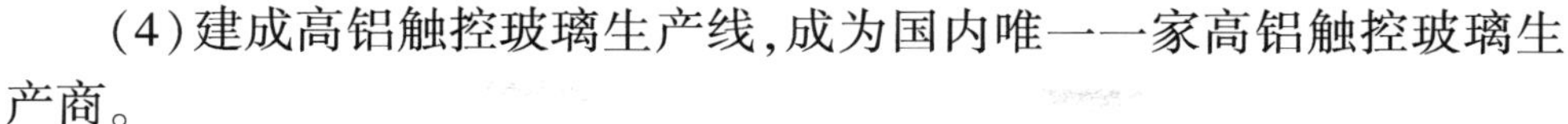

（4）建成高铝触控玻璃生产线，成为国内唯一一家高铝触控玻璃生产商。

2. 维持性质量创新模式

维持性质量创新模式是“零缺陷”产品质量的保证机制，通过运用双百质量管理、三镜质量管理、防错管理、SIPOC 管理、三标体系管理、全面质量管理六种方式实现质量稳定，客户满意。当今时代客户是产品质量的鉴定者。控制产品质量波动，得到客户的认同才能赢得市场。

1）双百质量管理

为追求零缺陷的质量目标，液晶基板玻璃前后工程关键质量指标实施全检。追求半成品零缺陷，提高工作效率、节省成本，为后工程实现零缺陷提供了保障，如图 5-16 所示。

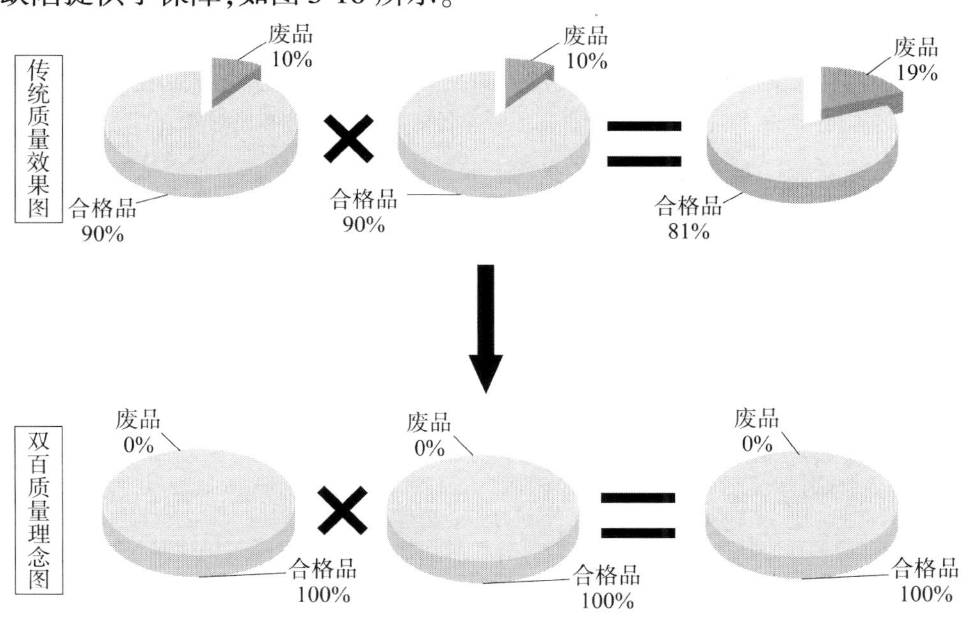

图 5-16　双百质量管理概念图

2）三镜质量管理

液晶基板玻璃与高铝触控玻璃质量监控中实行三镜（望远镜、放大镜、显微镜）质量管理，以实现“高精尖、高目标、高洁净度、高精度”的要求。望远镜质量管理适用于前景观测，放大镜质量管理适用于现状把握，显微镜适用于查找不足。

三镜质量管理要求全员贯彻实施，上至领导层，下至基层员工，既适用于质量管理又适用于人员管理。通过这种分级的方式全程监控产品质量，严格要求，最终达到客户满意。

3）防错管理

运用防错管理理念，在关键制程引入先进的MES系统、SPC系统，运用FMEA，对问题进行提前预警，组织质量改善管理，分析研究，不断改善，防止再发生，建立质量保障体系，完善体系管控手段，进行重点预防管理，保证产品质量改善，确保产品质量稳步上升。

4）SIPOC（Supplier Input Process Output Customer）管理

运用“三位智创”质量管理理念，推进质量管理体系的建设，建立SIPOC全系统管理流程，将采购体系纳入制造板块统一管理，加强设备采购和设备加工制作过程质量管理，做到提前防范和控制，消除隐患，监督与管理相关部门质量体系工作实施运行，制订设备质量检验工作流程。

5）三标体系管理

分三个层次建立质量、环境、职业健康安全文件管理系统，用于指导东旭管理活动的开展。内、外部状况和信息发生变化时，质量、环境、职业健康安全相关规定均重新识别环境因素及危险源，调整目标、指标和管理方案。

6）全面质量管理

通过全员培训，使全面质量管理理念贯穿始终，同时树立以客户为导向、领导作用、全员参与、过程方法、持续改进、基于事实的决策方法、与供方互利关系的全面质量管理思想。质量管理涵盖市场调研、设计研发、设备安装调试、生产运营到市场的所有环节，对发现的问题进行检查、确认、预防。

3. 突破性质量创新模式

突破性质量创新模式是通过推行六西格玛，全面展开QC项目，应客户需求或东旭自身需求，攻克生产中重大疑难问题，快速响应客户端质量问题，科学制订改善对策，从质量体系上向客户传递生产商对产品质量改善能力和信心的机制。

二、DSIPOC 质量控制系统

国内光电显示行业正处于发展期，公司结合产业分布特点及运行状态，运用以自主创新为核心的“三位智创”质量管理模式，推进质量管理体系全面建设，建立 DSIPOC 质量控制系统（Design Supplier Input Process Output Customer），如图 5-17 所示，将设计、原材料供应、制造过程、产品与客户进行立体管理。设计、制造与服务紧密互动结合，实现彼此“零距离”沟通，最终提高设计、制造与服务质量，以期与供方、客户共赢。

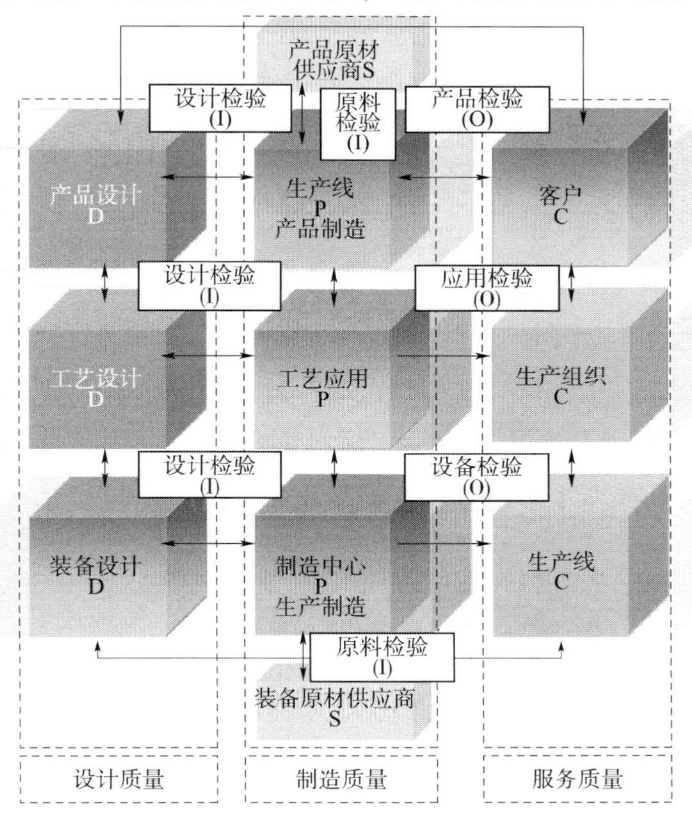

图 5-17　DSIPOC 质量控制系统

1."以智提质,以质促智"质量创新理论(图5-18)

东旭经过20年经验积累,逐步探索形成基于"以智提质,以质促智"质量创新理论模式,在设计、制造、服务方面,不断强化质量管理与持续改进。

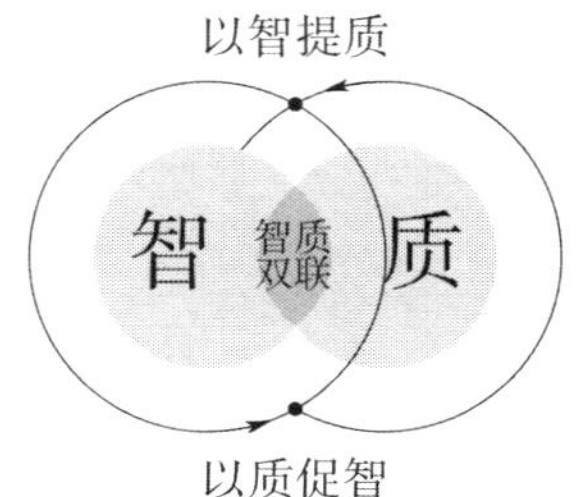

图5-18 "以智提质,以质促智"质量创新理论

2.发挥核心技术优势,设计质量创新

以质量创新为思想指导,公司不断加大资金投入力度,努力实现关键领域、高端领域技术突破,以高新科技为保障,自主设计开发新产品、新技术、新装备,不断开发新产品并推向市场,在相关领域赶超竞争对手。

3.集成引进智能管控,制造质量创新

大力发展协同创新和集群创新,将"全面质量管理""精益""六西格玛"等质量管理理念与信息、软件资源相融合,建立智能化质量管控系统,实现对物料、过程、产品结果全方位智能化过程监控。

4.以用户需求为导向,服务质量创新

市场营销战略以主营产品销售为主体,产业链配套产品销售和技术支持为两翼,以提升客户服务质量、增强客户满意度为中心、以实现与客户互利共赢为目标,强化与客户的全方位战略合作伙伴关系。

三、质量创新技术驱动企业可持续发展

东旭将创新驱动作为发展的战略基点,以原始创新为核心,以集成创新为重点,以引进、消化吸收、再创新为支持,着力提升集团产业发展的内生动力,使创新成为集团巩固战略地位、提升科技水平、造就一流人才、促进跨越发展的主要驱动力。

1."从无到有、有中生新",促进产业技术创新

站在新的发展起点,东旭审时度势,坚持"从无到有、有中生新"的

原则，不断解放思想，加快企业战略转型步伐，通过注入高新技术、整合资源、调动市场力量，深入自主创新，夯实技术实力，培育和提升企业的核心竞争力。

2.“向数据要管理”，发展智能制造创新

东旭依托MES（制造执行系统）、SPC系统，U8财务核算系统，逐步健全集团ERP系统，建立东旭大数据信息系统，实现信息系统的集成化、集中化、标准化，提高数据收集、应用、分析及处理的广度及深度。

3.“五大措施保质量”，强化质量控制创新

实施“五大措施保质量”管理，即质量现状管理、质量异常管理、客户声音管理、质量改善管理及质量沟通管理。通过实施TQM（全面质量管理）和TPM（全员生产维修体制），按照PDCA循环，科学应用数理统计分析，提高质量过程管控水平。

四、技术方法

东旭结合实际，从质量基础管理、质量能力提升管理、质量经营发展管理三个层面，采用相应的质量创新技术方法，提升设计质量、制造质量、服务质量，如图5-19所示。

质量基础管理：运用三标体系，对每个过程实行标准化，做到持续验证、持续改进；同时也开展了QC小组、QA稽核、专项会议研讨等，对潜在的或已出现的质量问题建立课题，及时解决质量问题，提升质量稳定性。实行7S管理、半军事化管理，强化员工的行为规范，统一管理，为质量奠定基础。

质量能力提升管理：通过实施全面质量管理，开展统计过程控制，建立绩效目标管理，推行六西格玛，建立质量攻关项目，在DMAIC多阶段进行数据收集、测量系统分析（MSA）、流程价值分析、失效模式与影响分析（FMEA），采用二项分布、泊松分布、因果矩阵等工具对产品实现的所有过程进行质量管控，确保每个过程质量。

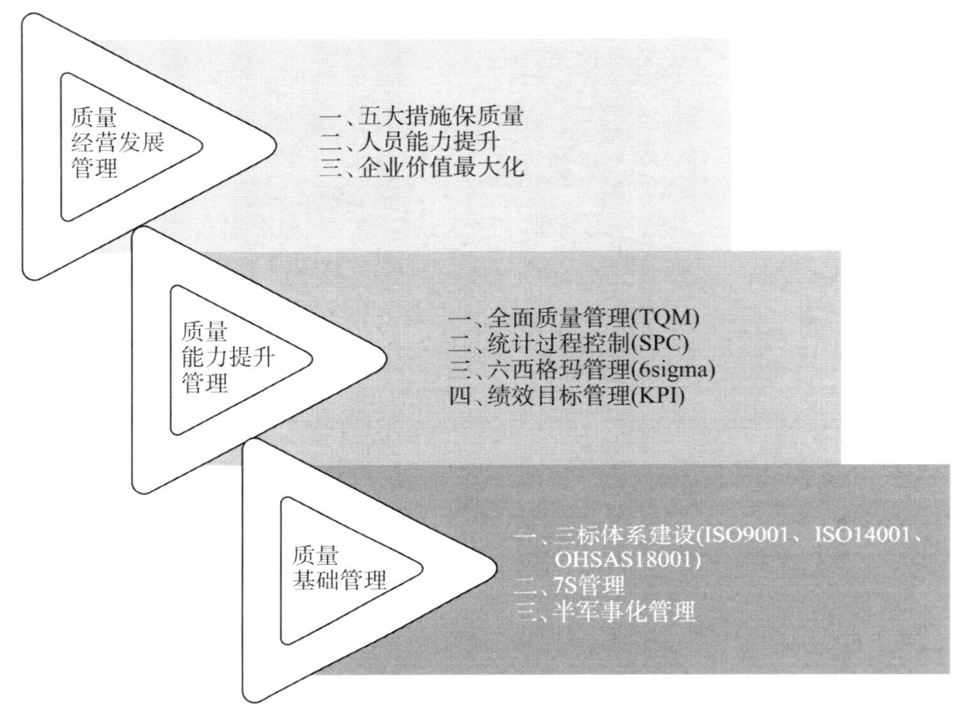

图 5-19　质量管理三层面

质量经营发展管理:通过客户声音传达质量要求,对质量现状与异常进行质量改进,并进行质量沟通,向客户传递质量不断提升的信息。

五、改进攻关

东旭坚信未来的成功属于质量领先者。在质量的道路上东旭从未停止脚步,一直致力于改善质量,提升自身竞争力。为推动质量改进工作全面持续有效的运行,设立 QC 攻关专项组,制订《质量改进项目管理规定》等管理制度,鼓励全员参与,对质量改进做出贡献的员工进行正激励。

1. 攻关型 QC 成果

通过领导层、技术人员与基层员工的共同努力,解决难度较大的质

量问题。

(1)为适应客户端新产品特殊性能,提高基板玻璃应变点,通过客户认证;

(2)为提升终端产品画面清晰度,降低液晶基板玻璃表面颗粒数量;

(3)为防止终端产品画面出现明暗纹,提升液晶基板玻璃条纹品位;

(4)为延长终端产品韧性及使用寿命,提升高铝触控玻璃的抗弯强度;

(5)增强高铝触控玻璃抗划伤能力。

2. 现场型 QC 成果

以班组为主体,通过稳定、优化操作流程改进产品质量。

(1)为保证产品的洁净要求,优化产品包装设计,修订产品包装操作流程;

(2)为改善窑炉加料口积料问题,加长加料机水冷套及螺旋杆;

(3)为提高玻璃液位的管控精度,对液位测量仪进行改进。

3. 创新型 QC 成果

通过全新的思维和创新的方法研制、开发新的工具,以提高产品质量。

(1)为解决包装产品的间隔纸倒伏问题,设计间隔纸支撑架,应用在产品包装上;

(2)为避免产品出现擦划伤影响终端客户的画面质量,改进液晶基板玻璃水平传动装置。

4. 管理型 QC 成果

通过改进管理人员的工作方法,提高工作质量,解决管理中存在的问题,以提高产品质量。

(1)为提高采购计划的执行率,建立 ERP 系统将采购计划管理纳入

控制,分级管理;

(2)建立文件电子化系统。

5.服务型 QC 成果

通过推动服务工作的标准化、程序化、科学化,以提高服务质量。为提高客户满意度,优化客户反馈问题快速响应机制。

QC 活动的全面开展,调动全体员工参与质量管理、质量改进的工作积极性和创造性,通过小组成员的共同学习、互相切磋,提高员工素质,推动设计质量、制造质量与服务质量持续改进,增加客户满意度,赢得市场口碑。

六、以科技创新为中心的质量发展理念

东旭的企业文化是“感恩做人、敬业做事”。创新,是不变的主题。

东旭采用原始创新、集成创新和引进创新三种创新形式,充分发挥人才、技术、平台优势,通过对设计质量、制造质量和服务质量展开全方位立体创新,促进我国平板显示玻璃、绿色建材、节能照明、光伏新能源等新兴产业全面发展。

东旭鼓励创新,推进技术创新、管理创新、制度创新、商业模式创新、市场创新等,形成了东旭特有的“工程师文化”“会计师文化”等创新文化,营造主动创新、大众创新、持续创新的氛围,激发创新活力。

创业之初的东旭,以传统 CRT 电子玻璃装备制造为主业。随着 CRT 产业逐步被平板显示产业所替代,面对国内庞大的平板显示玻璃基板需求,2006 年,东旭审时度势,率先向平板显示产业转型升级。玻璃基板是平板显示产业关键核心基础材料,占据面板成本的 15% ~30%,此前我国所需平板显示用的玻璃基板全部依赖进口。为打破国外垄断和维护国家产业配套安全,东旭积极组建研发团队,用短短的 5 年时间,研发出核心技术,并实现产业化和规模化发展,从此,液晶玻璃基板有了“中国造”。

转型之初,面对国外的技术封锁,东旭不断取得技术和产业突破,产

品尺寸涵盖4.5代、5代、5.5代、6代、8代，玻璃厚度涵盖0.3~1.1mm，类型包括液晶基板玻璃、高铝触控玻璃。液晶基板玻璃料方历经“有砷”“无砷”“轻质高应变点”的升级换代。

七、技术创新是东旭产业发展的动力

以自主创新为核心的“三位智创”理念，“三位”即设计、制造、服务三个方面。“智”指的是人的智慧，强调最大限度发挥人的主观能动性；“创”指的是原始创新、集成创新、引进创新。在“三位智创”理念指导下，充分发挥东旭“人才、技术、平台”三种优势，技术创新水平不断进步，掌握国际先进技术，拥有持续提高的创新能力。

1.技术先进性——国内唯一同时掌握溢流法和浮法生产工艺技术

通过自主研发，东旭突破国外技术封锁，开发出具有自主知识产权的液晶基板玻璃成套装备和制造技术。

东旭拥有的先进核心技术有如下方面。

(1)液晶基板玻璃成套装备技术——国际先进。

外国厂家对中国进行技术封锁，为实现自主的规模化生产，东旭全面掌握4.5代、5代、5.5代、6代液晶基板玻璃以及高铝触控玻璃生产技术，包括从配料、熔融、澄清、成型到精密加工、清洗、检查、包装等全部核心技术，具备成套装备研发、设计、制造能力。

东旭一直致力于节能环保技术开发，在已掌握的生产技术基础上，进一步改进、完善。于2014年成功开发出国际先进水平的节能型液晶基板玻璃生产线。该生产线平均节省电力、天然气消耗20%以上。

(2)液晶基板玻璃智能数字化车间——国内首创。

为提高液晶基板玻璃生产线智能化水平和生产效率，结合工艺和设备特点，应用先进的工业控制和工业网络技术，各个生产设备实现自动控制、联网控制，如图5-20所示。

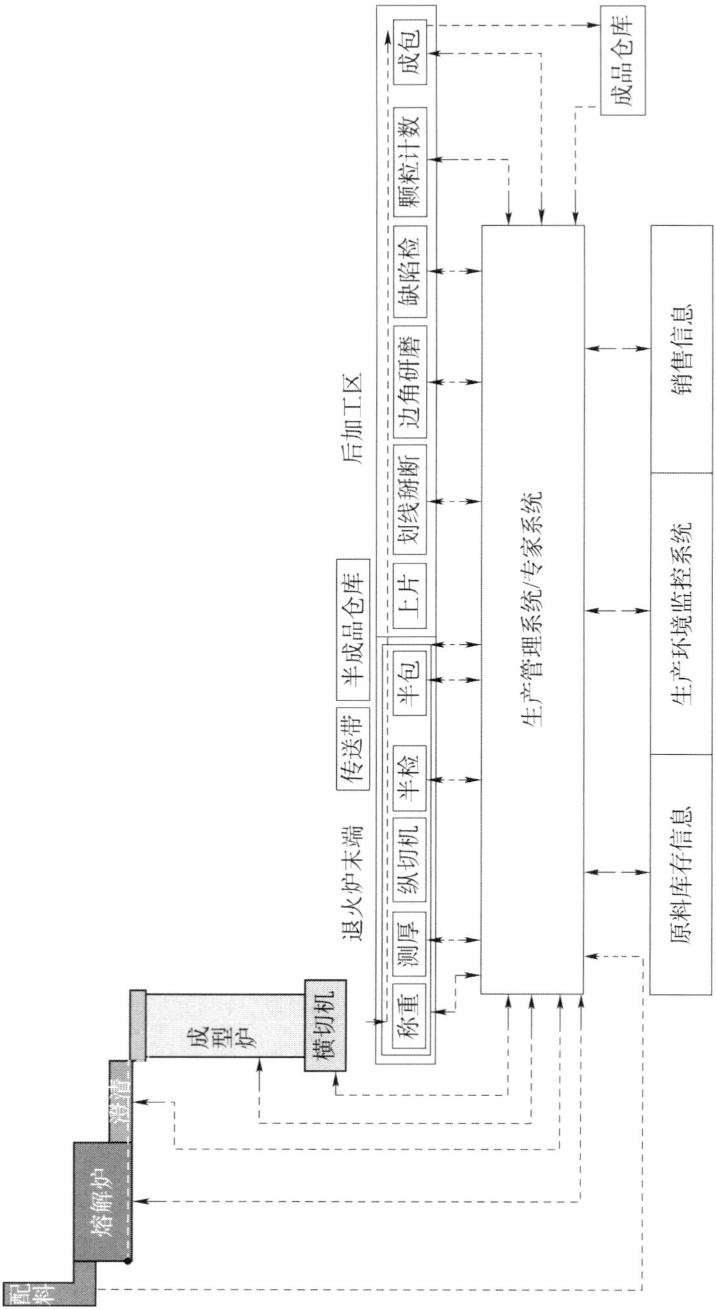

图 5-20　数字化车间体系结构

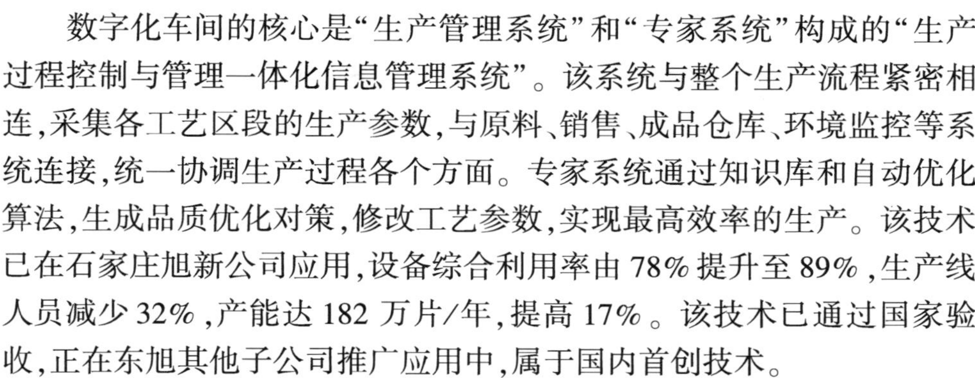

数字化车间的核心是“生产管理系统”和“专家系统”构成的“生产过程控制与管理一体化信息管理系统”。该系统与整个生产流程紧密相连，采集各工艺区段的生产参数，与原料、销售、成品仓库、环境监控等系统连接，统一协调生产过程各个方面。专家系统通过知识库和自动优化算法，生成品质优化对策，修改工艺参数，实现最高效率的生产。该技术已在石家庄旭新公司应用，设备综合利用率由78%提升至89%，生产线人员减少32%，产能达182万片/年，提高17%。该技术已通过国家验收，正在东旭其他子公司推广应用中，属于国内首创技术。

(3)铂金通道玻璃液澄清均化技术——独有发明。

液晶基板玻璃内部气泡尺寸控制在20～50μm以下，铂金通道中的澄清是消除气泡的主要手段。液晶基板玻璃生产线，铂金通道长度超过20m，温度控制精度误差要求为±1.5℃。玻璃液在铂金通道的内腔中借助电加热法兰实现澄清及均化处理，其特征在于：将铂金通道的内腔划分为澄清仓、冷却仓、搅拌仓、均质仓及供料仓。上述铂金通道玻璃液的处理技术，满足客户的要求，为东旭自主研发的独特技术，获发明专利授权。

(4)轻质高应变点液晶基板玻璃制造技术——国际水平、国家标准制订单位。

平板显示行业技术更新速度快，对液晶基板玻璃密度、应变点、膨胀系数等性能提出了更高的要求。东旭在原有无砷料方基础上，进一步优化料方组分及设备工艺，推出“轻质高应变点液晶基板玻璃”，适用于新型平板显示技术的要求。产品各项性能指标均达到国外同类产品水平，尤其是密度、线膨胀系数、应变点三项性能还优于国外产品，对比见表5-1。东旭掌握国际水平的制造技术，主导了相关国家标准的制订工作。

轻质高应变点液晶基板玻璃主要性能对比 表5-1

序号	主要参数	单位	指标要求	本产品	国外技术
1	密度	g/cm^3	<2.4	2.38	2.39
2	线膨胀系数	$\times 10^{-7}$/℃(50～350℃)	<35	34.57	35.4

续上表

序号	主要参数	单　位	指标要求	本产品	国外技术
3	应变点	℃	>670	677.7	670
4	杨氏模量	GPa	>70	73.16	73.6
5	维氏硬度	—	>620	635.5	640
6	化学耐久性	mg/cm^2(10% HF)	<6	5.26	5.42

(5)高铝触控玻璃制造技术——国际先进。

高铝触控玻璃是触摸屏的核心部件,我国尚无同类技术。为打破国外技术垄断,保障产业安全,东旭研发出基于浮法工艺的触控屏玻璃生产技术。该技术基于浮法成型工艺生产高强超薄铝硅酸盐触控玻璃。国际采用同样工艺的企业仅有日本的旭硝子(品牌 Dragontrail)、德国的肖特公司(品牌 Xensation Cover)。东旭(品牌 Panda King)是全球第三个实现该工艺条件下的产品生产的公司。目前,高强超薄铝硅酸盐触控玻璃浮法生产技术为高度商业机密,很难从技术的角度与国外产品进行综合比较,只能从市场和市场销售的产品性能加以比较。从市场供货情况看,肖特公司尚不具备稳定的供货能力,市场份额不足3%,只有旭硝子和东旭具备稳定的供货能力;从知识产权角度分析,旭硝子、肖特和东旭均具有独立专利支撑;从产品质量分析,旭硝子、肖特和东旭在性能上各有特点,东旭在一些性能上优于旭硝子和肖特。该技术被四川省科学技术厅鉴定为"国际先进"水平。

(6)克拉管、无极灯生产技术——国内首创、国家标准制订单位。

①克拉管产业。

克拉管材是适用于市政雨、污水排放的管材。宝石克拉独有承插口电熔连接技术,可保证管道系统100%无渗漏,延长了道路使用年限,有效保护了地下水源和土壤不受污染。宝石克拉产品荣获"河北省新型建材推广会金奖"和"全国专利技术发明博览会金奖",克拉管道《技术规程》获"上海市科技进步奖"。

东旭牵头起草了 GB/T 19472.2—2004(等效欧标 EN13476:2001),参加编写了技术规程 CECS 164:2004、CJJ 143—2010、CECS 223:2007。以上标准的颁布实施,规范了产品的质量控制及施工应用,推动了埋地塑料排水管行业的发展,填补了国内大口径塑料排水管的空白。东旭在此领域已拥有 2 项发明专利及 18 项实用新型专利。

②无极灯产业。

无极灯是绿色节能照明产品。东旭的无极灯产品于 2008 年通过了中国质量认证中心的“CCC 中国国家强制性产品”认证,东旭无极灯技术由国家发改委列入国家重点节能低碳技术推广目录。

东旭拥有高频无极灯产品自主知识产权和 17 项专利,是无极灯行业标准和国家标准的主要起草单位,也是中国无极灯产业联盟的副理事长单位。2014 年,荣获“中国绿色照明教育示范基地”。

2. 创新能力——实现平板显示基板玻璃技术突破

“三位智创”理念,强调发挥人的聪明才智,开展原始创新、集成创新、引进创新。在“三位智创”理念指导下,东旭整合集团及所属子公司的各类研发资源,建成涵盖液晶基板玻璃、高铝触控玻璃、光伏、节能照明及绿色建材等产业技术研发为一体的“东旭技术中心”,已被国家发改委、科技部、财政部、海关总署、国家税务总局五部委认定为国家级企业技术中心。

“技术中心”的创新活动以高效的组织机构和高层次的科研人员为前提,以学术带头人为龙头,以完善的制度体系为基础,以充足的经费投入为保障。“技术中心”先后承担了多项各级政府科研项目,主持并参与多项国家标准的制订,获得丰硕的成果。

(1)前提——高效的组织机构和高层次的科研人员。

“三位智创”理念中,“人”是创新的主体。建立能充分发挥人员主观能动性和聪明才智的高效率创新机构,引进及培养大批优秀的技术创新人才,是开展一切创新活动的前提。技术中心结合企业具体情况合理设置,组织机构如图 5-21 所示。

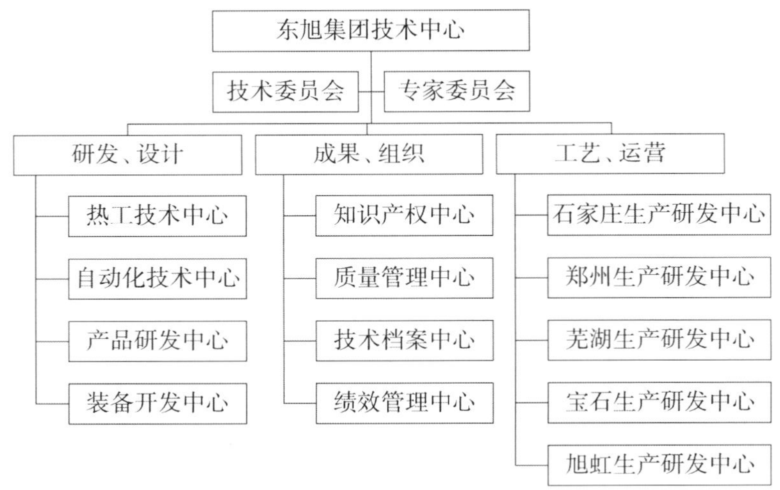

图 5-21　新产品创新活动流程图

东旭还拥有诸多国内外专家组成的专家团队，主要包括：日本、韩国、美国等行业专家和国内知名高校的博士、教授。他们紧跟行业最前沿的显示技术，对东旭重大科研项目和核心技术进行指导、攻关。

国家工程实验室是技术中心下重要的研发力量，承担着玻璃原料、加工技术等研发任务，下设 7 个专业实验室和 1 个管理办公室。国家工程实验室组织机构如图 5-22 所示。

东旭先后与北京大学、中国人民大学、北京交通大学、北京理工大学、北京工业大学等知名高校和中国电子工程第十设计院、蚌埠玻璃工业设计院等单位建立了长期合作关系。

(2)基础——完善的创新制度运行体系。

以“三位智创”理念为指导，结合创新活动的流程，技术中心制订了“以人为本”的各项制度，强调创新人才主观能动性的发挥，包括研发立项制度、产学研合作制度、研发项目管理制度、研发项目奖励制度、科技成果管理制度、技术资料管理制度在内的全方位制度体系，成为创新工作的坚实基础。

(3)保障——充足的经费投入。

东旭十分注重研发投入，2013 年科研活动经费支出总额达到

3.63 亿元,科研活动经费支出总额占产品销售收入的5.9%。2014 年科研活动经费支出总额达到3.82 亿元,科研活动经费支出总额占产品销售收入的6.8%,为东旭创新能力提供了重要保障。

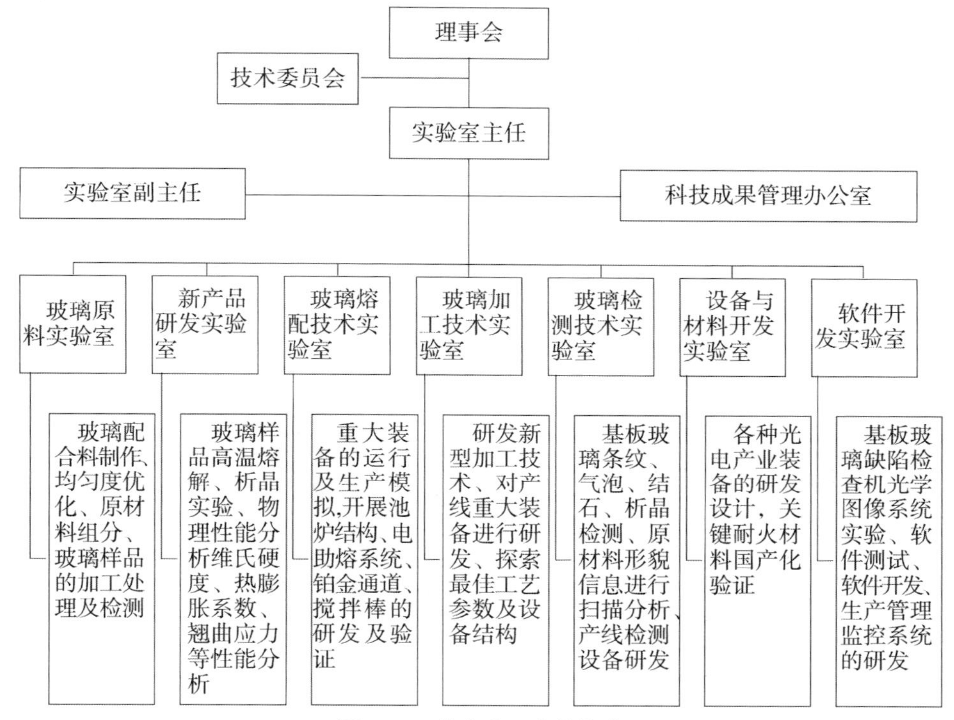

图 5-22　技术中心人员构成

(4)平台——多个分层次、成体系的科研平台,见表 5-2。

研发平台信息表　　表 5-2

序号	科技研究开发机构	级别	认定部门	认定时间
1	平板显示玻璃技术和装备国家工程实验室	国家级	国家发展改革委	2014 年 12 月
2	东旭集团技术中心	国家级	国家发展改革委、科学技术部、财政部、海关总署、国家税务总局	2014 年 12 月
3	郑州经济技术开发区博士后科研工作站分站	国家级	人力资源和社会保障部、全国博士后管委会	2013 年 12 月

续上表

序号	科技研究开发机构	级别	认定部门	认定时间
4	平板显示玻璃基板生产及工艺技术国家地方联合工程实验室	国家级	国家发展改革委	2012年10月
5	院士工作站	省级	河北省科学技术厅 中共河北省委组织部 河北省科学技术协会	2014年
6	玻璃基板成套设备关键技术工程实验室	省级	河北省发展改革委	2013年12月
7	平板显示玻璃基板(TFT)制备技术四川省工程实验室	省级	四川省发展改革委	2011年9月
8	平板显示玻璃基板河南省工程实验室	省级	河南省发展改革委	2010年10月
9	河南省液晶玻璃工程技术研究中心	省级	河南省科学技术厅	2010年10月
10	河南省博士后研发基地	省级	河南省博士后管理委员会、河南省人力资源和社会保障厅	2011年12月
11	四川省高效照明系统智能化工程实验室	省级	四川省发展改革委	2015年1月

(5)任务——承担多项产业技术科研项目。

坚持“三位智创”理念,秉承服务社会、推动行业进步的宗旨,东旭承担各级政府的多项科研任务,取得了丰硕的科研成果。

2012年,东旭承担国家智能制造装备发展专项的中“TFT-LCD玻璃基板数字化车间建设项目”。

2013年,东旭承担国家科技支撑计划项目“8.5代液晶玻璃基板生产技术应用开发”。

2010年至2015年,东旭连续6年承担国家重点产业振兴和技术改造专项9项。

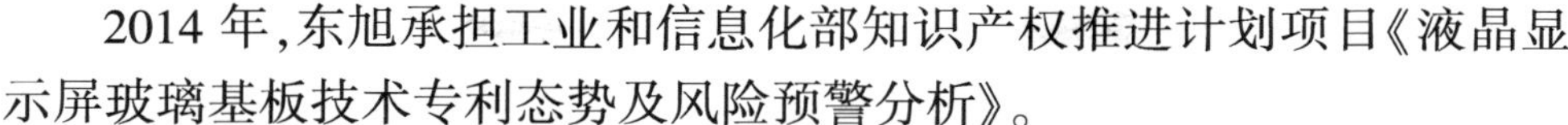

2014 年,东旭承担工业和信息化部知识产权推进计划项目《液晶显示屏玻璃基板技术专利态势及风险预警分析》。

2013 年,东旭承担科学技术部组织的国家火炬计划产业化示范项目“平板显示第六代液晶玻璃基板”。

2011 年,东旭承担由河北省科技厅组织的河北省重大技术创新项目“TFT-LCD 玻璃基板节能型生产成套装备”。

(6)标准——主持制订三大产业国家标准。

东旭积极参与国家和行业标准制订,全面完善企业标准体系,促进行业标准化发展进程,东旭主持并参与的国家标准和企业标准见表 5-3。2014 年,东旭被全国半导体设备和材料标准化委员会评为突出贡献单位,如图 5-23 所示。

国家/企业标准 表 5-3

标准名称	标准类型	标准编号	主持或参与
TFT-LCD 液晶玻璃基板成套设备生产线	企业标准	Q/DX 01—2012	主持
平板显示器用基板玻璃包装规范	国家标准	已审批	主持
平板显示器基板玻璃边缘条件规范	国家标准	已审批	主持
平板显示器基板玻璃规范	国家标准	已审批	主持
平板显示器玻璃基板玻璃化学耐久性试验方法	国家标准	已审批	主持
平板显示器基板玻璃术语	国家标准	已审批	主持
平板显示器基板厚度、翘曲度和挠度的测量方法	国家标准	已立项	主持
平板显示器基板玻璃化学成分、羟基含量的测试方法	国家标准	已立项	主持
平板显示器基板玻璃应力和线膨胀系数的测试方法	国家标准	已立项	主持

续上表

标准名称	标准类型	标准编号	主持或参与
埋地用聚乙烯(PE)结构壁管道系统	国家标准	GB/T 19472.2—2004	主持
单端无极荧光灯能效限定值及能效等级	国家标准	GB 29142—2012	主持
单端无极荧光灯用交流电子镇流器能效限定值及能效等级	国家标准	GB 29143—2012	主持
通照明用自镇流无极荧光灯能效限定值及能效等级	国家标准	GB 29144—2012	主持

CESI
全国半导体设备和材料标准化技术委员会(SAC/TC203)

突出贡献单位

东旭集团有限公司在半导体设备和材料领域标准化工作中贡献卓著，特授予2014年度全国半导体设备和材料标准化技术委员会（SAC/TC203）“标准化突出贡献单位”称号。

全国半导体设备和材料标准化技术委员会
二〇一四年十一月二十七日

图 5-23　标准化工作先进单位

(7)成果——创新方面的持续投入取得科技硕果。

①专利成果。

东旭注重技术创新的同时也在加强对技术成果的管理与保护,至今已授权的专利共1800余件,其中发明专利163篇,且以每年30%的比例增长。东旭专利包括基板玻璃、太阳能、照明和建材多个领域。

②软件著作权。

东旭注重对软件著作权的保护。知识产权部门对东旭自出开发的“东旭液晶玻璃基板生产线系统V5.0.0”“东旭PDP玻璃基板生产线系统”“东旭非晶硅薄膜太阳能电池设备生产线系统”三套软件系统进行了软件产品登记。

③创新奖励。

东旭发展至今,硕果累累,获得了上百项荣誉。东旭先后荣获“5代液晶玻璃基板自动生产线”(河北省科学技术进步奖)、“液晶玻璃基板成套装备”(石家庄市科技进步奖)、“TFT-LCD显示器件装备研发与应用”(芜湖市科技进步奖)以及“PDP玻璃基板成套装备”(成都市科技进步奖)。

“TFT-LCD玻璃基板节能型生产成套装备”和“基于浮法工艺生产高强超薄铝硅酸盐触控屏玻璃成套技术开发及产业化”经鉴定,科技成果水平均为国际先进。“TFT-LCD玻璃基板成套设备生产线”经鉴定为国际先进,并被评为“国家战略性创新产品”,见表5-4。

创新奖励情况 表5-4

序号	创新奖励名称	颁奖单位	时间
1	国家技术创新示范企业	工业和信息化产业部	2014年
2	国家战略性创新产品	科学技术部	2013年9月
3	国家重点新产品	科学技术部	2014年10月
4	2012年度中国最佳自主创新企业	中国生产力学会,中国生产力学会推进委员会	2012年8月
5	全国企业创新示范基地	中国生产力学会创新推进委员会	2014年4月

续上表

序号	创新奖励名称	颁奖单位	时间
6	河北省科学技术奖	河北省人民政府	2010年12月
7	四川省建设创新型企业培训中心	成都市科技局、中共成都市委宣传部	2013年9月

东旭被工业和信息化部评定为"国家技术创新示范企业"。东旭被推选为中国生产力学会创新推进委员会副理事长单位，董事长李兆廷当选副理事长。

八、创新价值是东旭产业发展的目标

东旭属于技术密集型产业。团队合作和自主创新是企业持续发展赢得未来的根本。技术创新是东旭的立业之本，目标是实现经济价值和社会价值，东旭的自主创新活动，最终将以对集团、对社会的贡献来评判。

1. 经济价值——突破产业链瓶颈、降低产业经济门槛

东旭涉及光电显示玻璃、太阳能、无极灯、绿色建材多个领域。目前，建成20条液晶基板玻璃、高铝触控玻璃生产线，年产液晶基板玻璃约500万片，占据国内15%市场份额。近年来，东旭新产品的投产及环保节能技术的应用在替代进口产品，节省运行成本等方面创造了经济价值；同时，突破产业链的薄弱环节，增强中国产业竞争力，维护产业安全，创造社会价值。

(1)创新技术应用奠定东旭经济效益基础。

自2010年至今，东旭液晶基板玻璃从4.5代开始，逐步掌握了5代、5.5代、6代生产技术。每次升级都是玻璃料方技术、熔化技术、成型技术、耐火材料品质及加工技术共同提升的结果。在液晶基板玻璃市场上，产品的升级带来更广阔的市场。公司一系列创新成果为产品质量的提升提供了技术支撑，为产品销售铺平了道路。

液晶基板玻璃质量要求非常严格。在液晶基板玻璃生产初期，由于

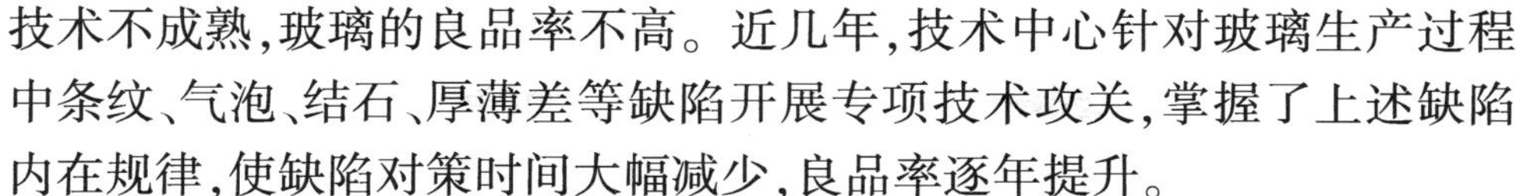

技术不成熟,玻璃的良品率不高。近几年,技术中心针对玻璃生产过程中条纹、气泡、结石、厚薄差等缺陷开展专项技术攻关,掌握了上述缺陷内在规律,使缺陷对策时间大幅减少,良品率逐年提升。

(2)技术优化、升级,降低产线投资成本。

装备自制化是东旭创新工作的重要一环。东旭实现溢流砖、牵引辊、划线掰断机、研磨机等核心装备的自制,替代进口设备,降低产线建设成本16.7%。

东旭推广“智能装备战略”和“绿色生产战略”。2013年以来,公司对玻璃生产装备和车间进行智能化升级。在智能窑炉、精确成型等四个工艺区段增加智能控制元件。同时,公司建立生产管理网络和数据库,提高管理能力,降低管理成本和人力成本。公司在“绿色生产战略”的指引下,开展“TFT-LCD玻璃基板节能型生产成套装备”项目,掌握了无砷环保料方、全氧燃烧技术、电加热技术、铂金材料涂覆保护技术,这些技术提高了玻璃熔解质量、降低了能耗、节省了环境保护成本和能源成本。

(3)拉动产业发展,拓展新的经济增长点。

液晶基板玻璃成套装备需要铂金材料、耐火材料、机电材料等产品支撑,并对下游产业提供支持。

为了使液晶基板玻璃成套装备达到生产要求,我们和厂家一起对提高材料性能进行技术攻关。东旭通过反复实验,找到了提高性能的工艺方法,上游厂家材料的性能相应提高。玻璃生产过程中,需要高品质的氧化铝等工业原料。液晶基板玻璃生产对原料的纯净度、颗粒度有严格的要求。东旭的进步给上游产业提供更大的市场,并帮助一些产品提高了质量,促进了产业发展。

2.社会价值——推动产业健康发展,惠国惠民

东旭涉及的光电显示产业、非晶硅薄膜电池、绿色建材、节能照明引领了产业的发展,推动了科技的进步。液晶基板玻璃及高铝触控玻璃是电子产品的核心部件,东旭相关产品的研发和市场化在维护产业

安全、完善产业链、带动相关产业进步和绿色和谐发展方面具有社会价值。

(1)掌握核心技术,保障国家产业安全。

随着社会的发展,电子产品越来越普及,应用越来越广。液晶基板玻璃作为电子产品显示的关键部件,其重要性也更加突出。广大用户对液晶基板玻璃要求也越来越高,要求玻璃更大、更薄。国家已经意识到光电产业的重要地位,在《国民经济和社会发展第十二个五年规划纲要》《新材料产业“十二五”发展规划》等文件中都出台了政策,指明发展方向。东旭有责任推动国产光电玻璃产业的进步,打破国外技术壁垒,保证核心技术掌握在中国手中,构筑产业安全的长城,不被美日等企业垄断。

(2)弥补行业短板、完善光电显示产业链。

东旭处于液晶显示产业链的上游。在产业链中,中国有众多厂家从事玻璃原材料制作、面板玻璃制作及显示器终端产业。液晶基板玻璃的制作环节,因为其高技术含量、高投入和高风险,鲜有国内厂家涉及,造成整个产业链脱节和不完整。东旭大胆投入、自主创新,通过不断摸索掌握了生产技术。东旭的突破使整个产业链贯穿起来,整个产业的发展不再受制于国外厂商。

(3)交流合作、与战略合作伙伴共发展。

东旭和国内显示面板行业龙头京东方公司签署《战略合作协议》《装备及备件国产化战略合作协议》。双方有意利用各自的技术、研发及产业优势进行战略上强强合作,优势互补。双方同意在液晶面板生产所需清洗、检查、切割、物流及搬送等设备国产化方面进行深度战略合作,以实现双赢。两个合作协议的签署,标志着国内液晶基板玻璃和面板制作两家龙头企业,在成套装备制造上实现深度合作。

东旭和京东方有意在照明系统节能诊断和节能方案及节能照明产品供应、光伏产品及智慧健康服务等方面进行合作,确定了双方的战略伙伴关系。

(4)绿色发展、和谐发展、产业进步、改变生活方式。

东旭大力发展绿色能源。在无极灯、太阳能领域大胆探索，参与17项无极灯及LED行业国家标准的制订，年销无极灯200万只。同时东旭在吉林洮南建设38MW分布式光伏电站，每年节省的电力相当于中型火电站的发电容量。

东旭在石家庄、郑州、芜湖、营口、成都、绵阳等地建立十二大产业基地，形成六大产业集群，建立32个销售中心，客户遍布全国各地。在各产业基地，分公司积极配合当地政府搞建设、谋发展，促进了当地的经济发展。

东旭坚持以人为本和谐发展。每年各产业基地招聘约5000名员工，并给他们提供多种教育机会。成立东旭大学和团队建设中心，组织员工开展丰富多彩的团队建设活动，给员工过生日。通过活动的开展，员工的素质得到提升。

东旭自主研发的液晶基板玻璃与我们每个人的生活息息相关，"显示无所不在"。智能手机、平板电脑、电视等各种显示终端都需要基板玻璃，在各种生活工作场所，如银行、邮局、车站、机场、院线等都有大量的显示设备需求。如果没有基板玻璃，我们现在的互联网+、电子商务经济，甚至微信等社交平台都不可能得到普及。基板玻璃的产业化促进了我们的生活方式更加信息化。

东旭多年的创新工作提升了产业经济的增长速度，赢得了社会的认可，2013年，东旭荣获"中国最具社会责任感企业"称号。

第六节 质量水平

东旭以振兴民族光电产业为己任，自主研发、突破国外技术封锁。利用十年时间，开创国内唯一以"学—研—产—销"为一体的液晶基板玻璃和高铝触控玻璃产业群，填补国内平板显示玻璃空白，并成为三星、京东方等厂商上游关键材料供应商。此外，在绿色建材、节能照明等产业方面也为国内的领导者。

东旭始终注重质量管理和提升,在18年发展历程中形成具有东旭特色的“三位智创”质量管理模式,围绕设计质量、制造质量、服务质量,强调原始创新、集成创新、引进创新,发挥人才、技术、平台资源优势,为中国“智”造、中国“创”造增添新元素。2015年荣获中国质量奖(提名奖)。东旭质量不断提升,产品关键性质量指标达到国内领先、国际先进水平,在客户端与美国、日本同行产品并行使用,获得客户的一致认可。

东旭不仅是一个生产制造型企业,同时还具备技术研发、工艺控制和装备设计能力。关键性质量指标分为技术型指标和质量型指标两部分。

一、技术型指标

在国外技术封锁前景下,2006年以来,东旭通过十年自主研发,成为国内唯一一家同时掌握“溢流”和“浮法”两种工艺的平板显示玻璃制造商。

1. 东旭在平板显示领域的“三个唯一”

2006年至今,我国唯一液晶基板玻璃溢流生产及成套装备制造商;

2012年至今,我国唯一PDP基板玻璃制造商,采用高效的浮法工艺;

2014年至今,我国唯一高铝触控玻璃制造商,采用独特的浮法工艺。

2. 东旭拥有核心竞争力

核心竞争力是企业的总动力,东旭以“料方、设计、工艺、装备”并进方式构建技术实力。

1)料方研发

具有轻质高应变点、高铝硅酸盐等平板显示玻璃的料方研发能力,玻璃性能达到行业领先,如图5-24所示。

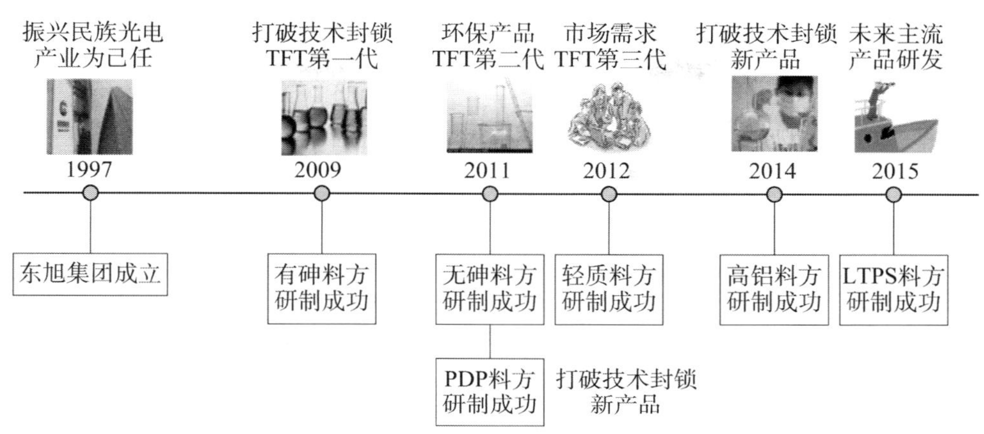

图 5-24　料方研发时序图

2）设计能力

东旭具有研发、工程设计、装备设计等全套设计能力。2014 年 12 月，平板显示玻璃技术和装备国家工程实验室获批建设。

2014 年 12 月，东旭集团有限公司企业技术中心被认定为国家级。

2013 年 1 月～2014 年 12 月，东旭完成发改委智能装备专项“液晶基板玻璃数字化车间”的设计、规划和建设工作，验收通过。

3）工艺技术

东旭拥有整套的液晶基板玻璃与高铝触控玻璃生产工艺控制技术，属于国内首创。

4）生产装备

2006 年至 2015 年，东旭自主“设计→制造→安装→调试→运营”，相继完成 20 条液晶基板玻璃生产线的建设，生产装备具有成套性、高效率、高精度，2013 年被评为国家战略性创新产品。

3. 超薄化玻璃技术，满足市场趋势需求

苹果 5 代的面世开启消费者对于电子显示产品追求超薄化时代，超薄是电子显示产品重点研究方向。手机的基板玻璃材料厚度占总厚度 15% 以上，薄化对电子产品的减重意义重大。

平板显示玻璃在薄化基础上确保高强度，是国际技术难题。产品每降低0.1mm，都包含着技术的重大突破。东旭经过技术攻关，2015年研制出厚度仅为0.3mm的液晶基板玻璃，比目前市场上0.5mm主流板材薄40%，处于行业前端。至此产品厚度系列覆盖1.8mm、1.1mm、0.7mm、0.5mm、0.4mm、0.3mm，后期将向柔性化发展。

4.大尺寸玻璃技术，提高客户生产效率

作为平板显示的基板玻璃，其下游客户均采用"集分式"生产，玻璃尺寸大小直接影响下游客户生产效率及自由度。大尺寸玻璃对生产设备及工艺有极大挑战，对质量有着更高要求。东旭通过生产装备的自主研发及技术改造，并逐步提升检测系统的检测能力。于2014年，试制出国内第一片八代高铝触控玻璃，如图5-25所示，达到国际先进水平。

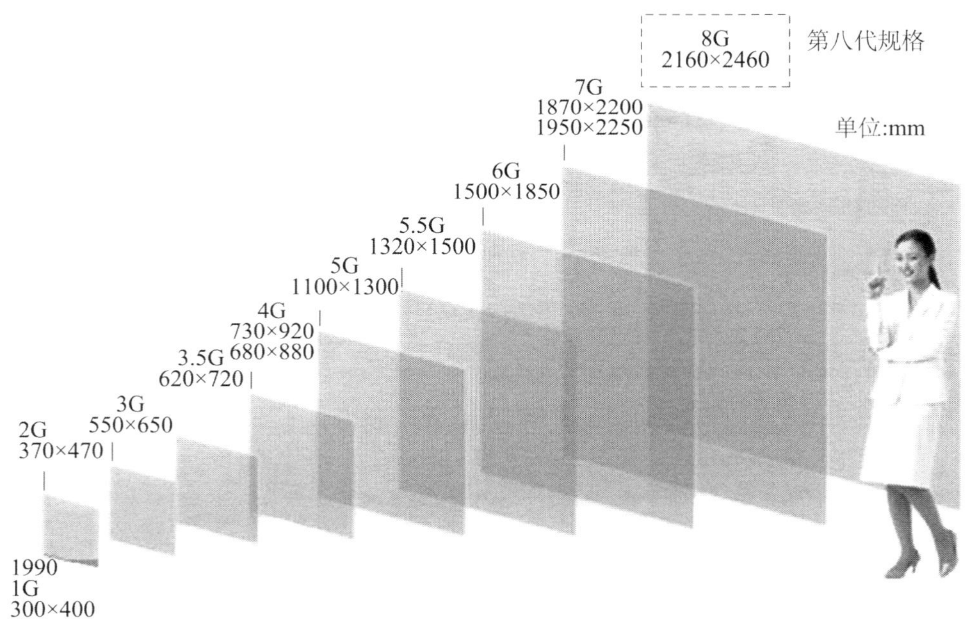

图5-25　产品代数发展示意图

5.环境洁净度，百级管理

在基板玻璃生产过程中为保证表面质量，东旭在检验环节以100级洁净度的要求进行设计和管理，此水平为洁净生产最高标准，具体介绍如下：

1）气流循环方面

洁净间气流方式为垂直单向流，上方为直流 FFU（风机过滤单元）送风，保证气流平稳。地面为带孔洞的高架地板，确保灰尘及时被气流带走。

2）气流过滤方面

送入洁净间的空气，经过三级过滤，即 G4、F8、H12；洁净间内部采用 H14 过滤器，对 0.3μm 以上颗粒过滤效率超过 99.995%，确保洁净间内空气符合 100 级洁净间标准，洁净度等级概念比对见表 5-5。

洁净度等级概念比对 表 5-5

生产洁净度等级			医学洁净度等级	
空气洁净等级	空气中≥0.5μm尘粒数（m^3/L）	空气中≥5μm尘粒数（m^3/L）	医学标准	适用手术类型
100 级	≤35×100（3.5）	0	Ⅰ级特别洁净手术室	适用于手术关节置换，器官移植手术及脑外科灯手术中的无菌手术
1000 级	≤35×1000（35）	≤250（0.25）	Ⅱ标准洁净手术室	适用胸外科、整形外科、泌尿外科等一类切口无菌手术
10000 级	≤35×10000（350）	≤2500（2.5）	Ⅲ级一般洁净手术室	适用普通外科（除去一类切口手术）、妇产科等手术
100000 级	≤35×100000（3500）	≤25000（25）	Ⅳ级准洁净手术室	适用肛肠外科及污染类等手术

3）人员管理方面

管控洁净间人员数量（不超过 5 人）。进入洁净间人员，须穿戴洁净防护用品，包括洁净服、头套、口罩、手套、洁净鞋，并经过两道风淋室。在洁净室内人员严禁快速行走。

4)洁净维护方面

进入洁净间的设备、工具、日常耗材等需用酒精溶液或具有同等效力的清洁剂进行清洁后,方可进入洁净间。洁净间内设备和地面清洁,分为班组维护、周维护、月维护,确保设备时刻处于清洁状态。

5)设备管理方面

检验设备全部采用符合洁净要求的材质进行制造,同时使用气浮传送,避免设备自身产尘。设备运行期间,严禁人员靠近设备区域,防止产品被污染,洁净间严格进行灯光管制,保证室内处于暗室状态,确保各检验设备不受干扰。

6. 绿色建材,填补国内大口径塑料排水管空白

东旭克拉管属于绿色环保产品,具有无渗漏和使用寿命长的特点,广泛应用于化工排水、污水处理、煤化工及核电管网系统,质量水平达到国内领先。

无渗漏:传统水泥管渗漏率在10% ~20%,而克拉管采用独有的承插口电熔连接技术,可保证管道系统100%无渗漏,有效保护了地下水源和土壤不受污染。

使用寿命:传统水泥管使用寿命通常在40 ~50年,而聚乙烯材质的克拉管具备耐腐蚀性,使用寿命长达100年。

7. 节能照明,开创了无极灯产业新纪元

1998年,东旭自主研发出国内第一盏无极灯。此产品与传统照明相比拥有:高光效、长寿命、高显色等特点。无极灯和传统照明技术参数对比表,见表5-6。

无极灯和传统照明技术参数对比表　　表5-6

参　数	白　炽　灯	无　极　灯
光效(lm/W)	10 ~15	70 ~90
寿命(h)	<1000	60000
显色指数(Ra)	99 ~100	≥80

二、质量型指标

东旭秉承“打造中国光电产业旗舰,创建百年东旭”的理念。以“高精尖、高目标、高洁净度、高精度”为要求,从摸索、识别、分析、实践、改善到控制,产品质量性能实现“质”的飞越。以下对液晶基板玻璃和高铝触控玻璃做重点介绍,面板结构示意图,如图5-26所示。

图5-26　面板结构示意图(手机为例)

1. 液晶基板玻璃

TFT-LCD(薄膜晶体管液晶显示器)是现阶段主流的微电子技术和液晶显示技术相结合的平板显示技术。因其轻薄、低辐射、低能耗、环保等优点,广泛应用于电视、台式电脑、笔记本电脑、平板电脑、智能手机、摄像机、游戏机等各类数字多媒体产品以及特殊专业应用等众多领域,是电子信息产业增长的核心动力之一。

以上显示设备均采用液晶基板玻璃作为其显示面板基材。液晶面板需要前、后两块液晶基板玻璃,前基板玻璃上面用来制作彩色滤光片,使图像形成彩色,后基板玻璃用来形成控制光线通过的薄膜晶体管等电器元件。

要达到高质、高效的显示效果,基板玻璃自身材质均匀性、表面颗粒度及厚薄差为产品性能的关键管控指标。

1)材质均匀性,实现高质的显示效果

材质均匀性,通常采用“条纹”进行评定。在暗室环境中,使用氙灯在一定距离下将基板玻璃投影到幕布上,通过旋转玻璃角度观察幕布上明暗线条。明暗线条在越小角度下可见及越清晰,则条纹越严重等级越高(玻璃材质均匀性越差),直接影响图像平面显示效果。

东旭通过对通道温度、搅拌速度和深度等工艺参数的探索,掌握完善条纹管控方法,使液晶基板玻璃条纹水平达到2级,即旋转60°条纹才可见,达到行业一流水平。条纹检测示意图,如图5-27所示。市面竞争对手产品条纹水平在2.5级(45°可见)。

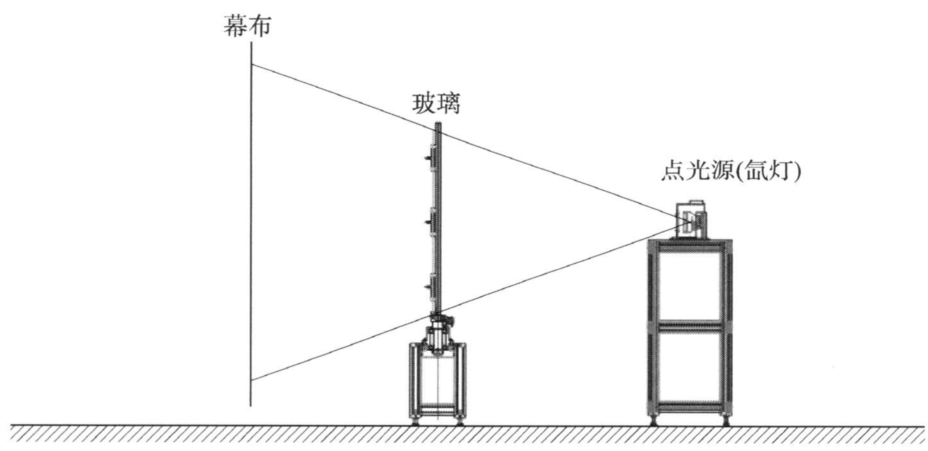

图5-27　条纹检测示意图

2)颗粒度控制,从源头消除

颗粒度是指在1~10μm的玻璃表面附着物。在面板加工环节,需在基板玻璃表面涂覆介质进行微米级电路制作,因此,玻璃表面附着物为重大质量隐患。为从源头控制,东旭通过建设百级洁净间,对人员行为、设备清洁、操作规范等方面严格管控,至2015年使颗粒度水平由之前每片150个降至25个以内,有效提高了客户满意度。国际竞争对手颗粒度水平在每片50个以内,如图5-28所示。

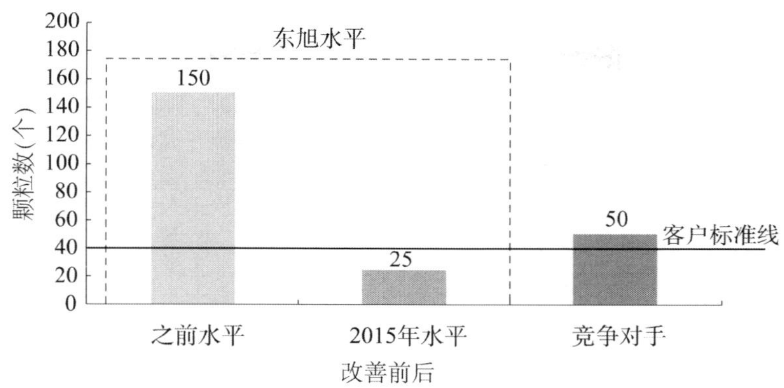

图 5-28　颗粒度比对示意图

3)厚薄差控制,提高客户涂覆环节加工精度

厚薄差即单片基板玻璃的厚度极差,随着电子时代发展,消费者及客户对产品性能要求也越来越高。东旭从溢流砖横向温度均匀性及拉边机角度和速度上进行研究,攻克厚薄差技术难题,至 2015 年,东旭产品厚薄差可稳定控制在 8μm 以内,处于行业最高水平,如图 5-29 所示。

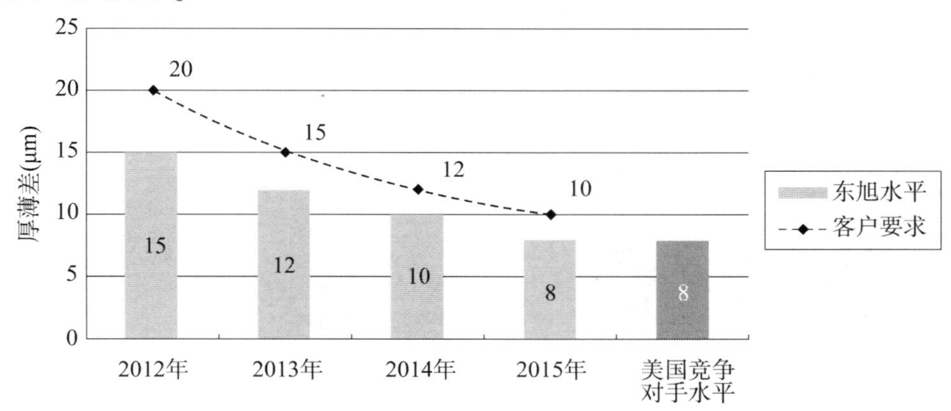

图 5-29　厚薄差客户期望满足表

2. 高铝触控玻璃

一款环保型高铝硅酸盐超薄触控玻璃,适宜于高端便携式显示设备(智能手机、平板电脑等)保护用玻璃,如图 5-30 所示。因此,触控玻璃在高硬度、高强度、高韧性方面至关重要。

图 5-30　高铝触控玻璃应用示意图

1）高硬度，即抗划伤能力

早期市面上主要采用苏打触控玻璃作为显示盖板，但其表面硬度较低，维氏硬度在 600MPa 水平，实际使用过程容易产生表面划伤，影响使用者心情指数。

东旭通过料方研发优化，提升触控玻璃本征强度，克服高熔点生产瓶颈，成功下线高铝触控玻璃，此类型产品具有很强的表面抗划伤能力，维氏硬度可达 700MPa，提高了使用质量，如图 5-31 所示。

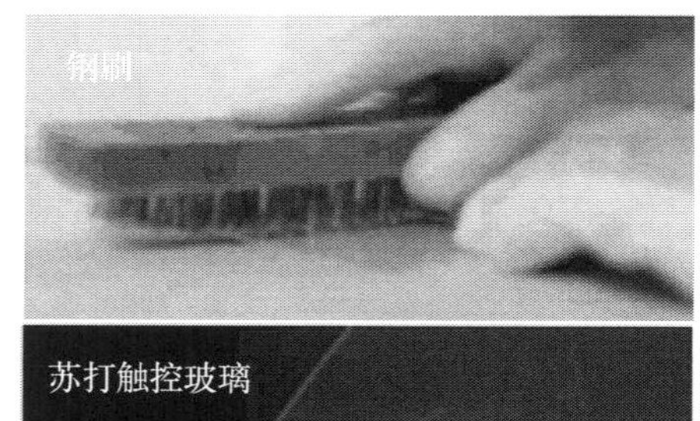

使用钢刷，用力在玻璃表面来回擦拭，然后在暗室条件下，使用强光分别观察其表面破坏程度

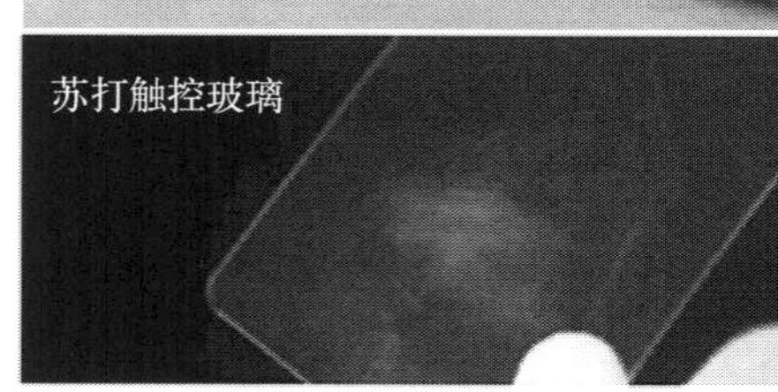

图 5-31　抗划伤能力效果对比示意图

2）高强度，即表面抗冲击强度

便携式电子显示设备（手机、平板等），对显示屏的保护尤为重要，为此处于结构最外层的高铝触控玻璃必须具备较高表面抗冲击强度，避免电子设备在掉落或碰撞过程发生破碎。

玻璃表面冲击强度，采用落球测试方式进行评价，即通常选用 130g

钢球,从低到高依次自由落体,冲击玻璃表面的中心位置,直至破碎,破碎高度即为落球测试高度。现以 5 寸触控玻璃,厚度为 0.7mm 的产品进行对比,如图 5-32 所示。

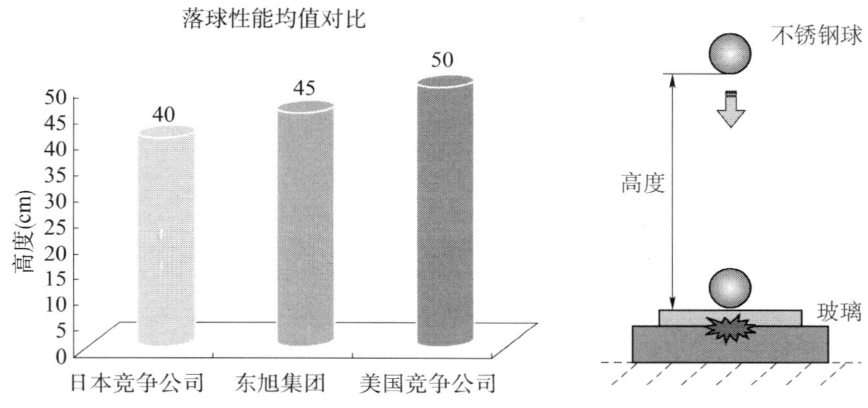

图 5-32　东旭与竞争对手落球水平对比图

3)高韧性,即抗弯强度

对于便携式显示设备,人们习惯将其放于衣兜或者背包中,这样容易出现挤压现象,因此,高铝触控玻璃需要有一定抗弯性能,才能起到更好的保护作用。

抗弯强度是指触控玻璃的抗弯曲能力,通常以 4PB(四点弯曲)方式进行评价,在相同测试条件下,如图 5-33、图 5-34 所示。

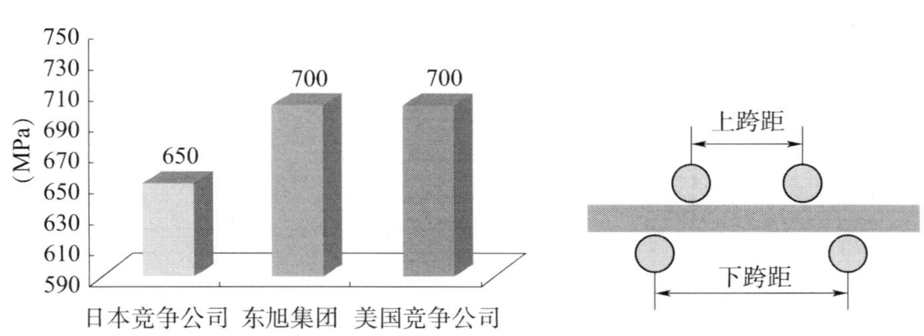

图 5-33　东旭与竞争对手抗弯强度对比图

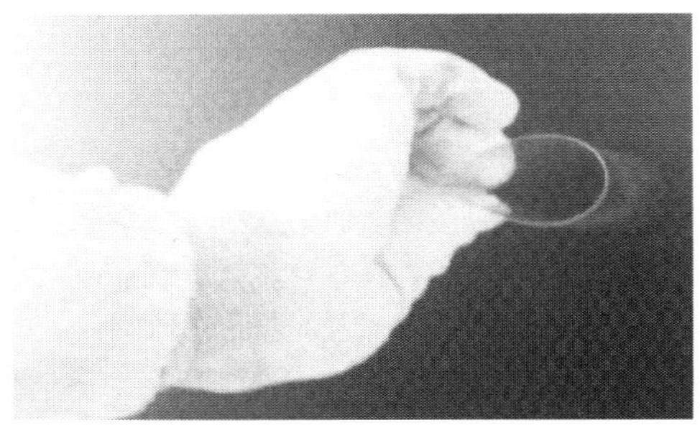

东旭高铝触控玻璃在化学强化后可弯曲成"O"形，不破碎

图 5-34　东旭产品抗弯效果展示图

第七节　标准化管理

东旭开拓国内新兴产业，自成立以来即推进开展标准化的建立工作，实行规范化、科学化、流程化作业。

(1)执行国际、国家及行业标准：在产品生产的全过程，以相关国际、国家及行业标准为依据，开展质量管理工作，采用国际标准和国家标准 265 项，为保障与提升产品质量奠定了坚实基础。

(2)制订企业标准：通过吸收国际及行业先进标准，形成符合东旭生产特点的企业标准 38 项。

(3)制订国家、行业标准：围绕客户、市场需求及潜在期望，形成国家标准，先后主导制订国家标准 21 项，其中已发布 13 项、审批 5 项、立项 3 项。

第六章

精细化管理过程的测量、分析与改进

为达成战略目标,公司按财务、客户、内部流程和组织能力四个维度进行绩效测量,这四个维度可解决公司获取利润、发展、高效运作的问题,最终可达到组织能力不断提升的目标。四个维度相互支撑,最终保证公司战略目标的实现。

首先,建立各职能、各层级、各过程的绩效指标体系和完善绩效测量分析系统,定期对测量结果进行分析、评价。

公司设立年度公司目标(一级目标),并将公司目标层层分解到部门目标(二级目标)、岗位目标(三级目标),通过对绩效目标跟踪、反馈指导进行持续改善。

通过绩效测量管理,公司确保员工个人岗位业绩和部门业绩的提升,来保证公司战略目标的实现,并逐步完善,形成良性循环。关键绩效指标体系涵盖所有部门和过程,通过对可能影响关键绩效指标结果的方面进行分析,推动改进与创新,提升核心竞争能力。

(1)选择、收集、整理数据信息,监测日常运作及公司的绩效。

(2)依靠核心对比数据和信息分析结果,支持组织的经营、战略决策、改进与创新。

(3)评价绩效测量系统应适应发展方向及业务需要,确保对组织内外部的变化保持敏感性。

其次,公司的绩效系统应与公司战略目标紧密契合。为实现公司战略目标,制订战略行动计划,从财务(利润、销量、产值)、客户(提高客户满意度)、内部流程(新产品开发和技术改进)、组织能力(员工满意度、培训计划完成率)这四方面承载战略目标,形成公司级目标;同时,在部门间进行横向分解,使得每一个指标都有承担主体,形成部门级目标;在管理者和员工双方沟通下共同订立可衡量、可量化的指标,形成岗位级目标及具体行动方案。通过定期绩效评价会议,对公司、部门、岗位目标进行收集、跟踪、分析、评估、反馈和改善。

公司通过管理体系内部审核、管理评审、月度管理例会、工作简报、生产成本分析会等多种形式,对绩效指标以及各职能部门设定的目标值进行分析评估和反馈改善,通过内部有效的沟通反馈渠道,汇总分析业绩目标偏差原因,及时调整绩效目标,制订下一步行动改善措施,不断达成绩效目标。

对外部变化保持高度敏感性,实时收集分析国家政策、法规、行业动态、客户新要求、竞争情况、竞争对手资讯等,确保绩效测量系统与之同步。

再次,基于绩效指标评审情况、客户和相关方要求组织开展公司级、部门级和岗位级群众性质量改进活动,促进各项绩效的改进。通过技术交流、培训、合理化建议等多种途径,寻求管理创新、技术创新。

1. 改进与创新的管理

公司每月收集绩效数据,形成绩效管理评估报告,每半年对公司战略目标达成情况和部门关键业绩指标达成情况进行回顾,针对绩效差距或需要改善内容,通过管理层会议下达专项改进要求,由相应部门分析问题产生根源,并提出改进方案,形成专项改进报告。管理层针对专项改进报告,进行探讨和交流,形成绩效改进决议,并落实到相应的部门。通过重点实施技术和管理的改进与创新,进一步稳固和扩大公司各方面的行业发展优势;继续坚持和改进 5S 管理,以独特的企业文化为基础,实现公司可持续发展。

2. 明确改进与创新计划和目标

领导班子根据年度经营计划的完成情况和管理评审结果等及时做出战略调整,制订综合改进计划和目标,提出创新要求。各职能部门根

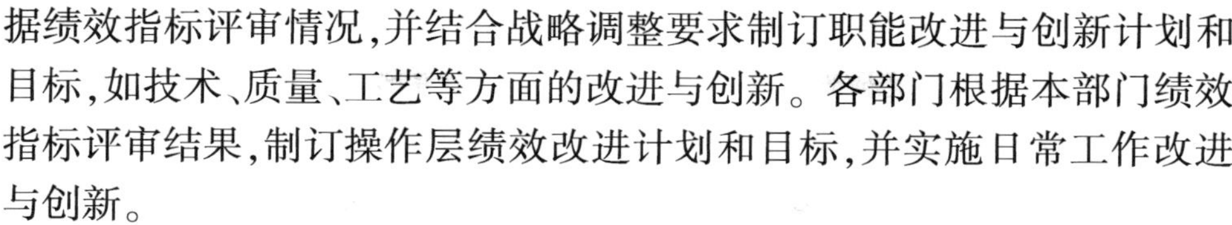

据绩效指标评审情况,并结合战略调整要求制订职能改进与创新计划和目标,如技术、质量、工艺等方面的改进与创新。各部门根据本部门绩效指标评审结果,制订操作层绩效改进计划和目标,并实施日常工作改进与创新。

(1)根据公司战略发展和竞争力水平确定改进目标。建立完善的系统改进体系,以公司发展战略和竞争力水平为导向,以标杆对比为核心,确定改进目标。将改进目标划分为公司级、部门级、班组级三个层次,并将目标分解落实到班组、个人,使目标具体化,使公司全员参与进来。

(2)根据同标杆对比,确定改进目标。根据公司经营管理现状,从企业愿景出发,分析各种改进和提高业绩的途径,通过标杆对比,确定切实可行的战略、职能、流程等业绩改进计划。

(3)确定每阶段的考评目标和改进计划。每天对公司的生产经营指标进行监视、测量,及时发现需要改进的项目;在每周生产调度会上,通过对公司生产经营活动绩效的检查和评审,确定每周的改进计划,以保证目标和计划的按时完成,并使绩效不断提高;每月召开总经理办公会,对上月的生产经营状况进行总结和评价,并根据市场情况变化及时调整生产经营活动,并逐项提出改进方案,对重点创新工作进行督办。

(4)根据行业发展动态,行业技术发展状况,提出管理创新、技术创新要求。

第七章
品牌创新管理

发挥人才、技术、平台三种资源优势,开展原始创新、集成创新、引进创新三类创新活动,将设计质量、制造质量、服务质量三者融为一体,逐步探索出以自主创新为核心的"三位智创"质量管理模式,通过双百质量管理、三镜质量管理等多种管理方法,加强质量管控,以严谨的质量安全理念,提升质量水平,促进质量发展,开展质量创新工作,构建严密的质量体系,提高企业竞争力。

一、创新精神

勇于打破框架、寻求突破,善于细致观察、追求极致,敢于挑战对手、超越自我,勤于研究策略、缜密分析创业之初的东旭。公司以传统电子玻璃装备制造为主业,并随着技术的进步,于2006年转入平板显示器基板玻璃产业。转型之初,面对的是世界顶级的百年老企,许多人有过退缩。然而,"办法总比困难多"是我们东旭人的信念,"勇往直前"是我们东旭人的精神。经过艰苦努力和自主创新,产品包括液晶基板玻璃、高铝触控玻璃。液晶基板玻璃也历经有砷、无砷、轻质高应变点的升级换代。

二、技术创新

技术先进性——国内唯一同时掌握溢流法和浮法生产工艺技术。

通过自主研发,东旭突破国外技术封锁,开发出具有自主知识产权的液晶基板玻璃成套装备和制造技术。2008年建成国内第一条溢流法液晶基板玻璃生产线，填补国内空白，并迅速实现规模化。2013年该生产线被科学技术部评定为“国家战略性创新产品”。同时，东旭还致力于浮法高铝触控玻璃生产技术的研发。2014年建成国内首条基于浮法工艺的高铝触控玻璃生产线，产品已批量生产并销售，是国内唯一同时掌握溢流法和浮法生产工艺的企业。另外，东旭还致力于光伏、节能照明和绿色建材等环保产品研发生产，开发出非晶硅薄膜太阳能电池、无极灯、克拉管等产品整套工艺及制造技术。

自1997年创立以来，东旭以振兴中国光电产业为己任，实施以自主创新为核心的“三位智创”质量管理模式，以质量诚信为基石打造民族自主品牌，从创建高科技产业集团，到打造多元化企业集团，再到发展大型投资集团，品牌建设始终是东旭发展的核心基因和内生动力。

三、品牌建设

曾经缺技术、少设备，作为一家电子信息企业，东旭受到国外公司的层层封锁。如今，通过自主研发打破国外技术壁垒，东旭实现了液晶基板玻璃的真正国产化，成为全球仅有的五家掌握基板玻璃全套核心技术的企业之一，初步解决了我国的“缺屏之痛”。技术突破使得国外垄断公司的液晶基板玻璃产品在中国市场的价格下降了30% ~ 40%。《人民日报》称，东旭相对于那些占据市场优势的老牌公司，是冉冉升起的“东”方“旭”日，其发展路径呈现了中国制造的“逆生长”，有力助推了中华民族的品牌大国梦。

1. 品牌规划三步走

东旭的品牌规划经历了规模化战略、多元化战略，现已进入双轮驱动战略阶段。每阶段东旭都会制订相应的品牌发展路径及完善的质量提升标准。

规模化阶段，东旭通过自主创新，打破国际垄断，初步争得在国际基板玻璃行业的品牌话语权；多元化阶段，东旭进军城镇化、新能源领域，初步完成产业布局，力争把民族产业做大做强；双轮驱动阶段，东旭实施“产融并举”战略，开创产业、金融有机结合、良性互动的发展局面，努力成为智能制造、智慧能源、智慧城市、智诚投资领域的引领者，为打造“中国经济升级版”战略增添新动力。

2. 品牌定位

通过原始创新、集成创新、引进创新这三类创新活动，引领集团未来发展；围绕智能制造、智慧能源、智慧城市、智诚投资领域不断发现价值，创造价值，为中国“智”造和中国“创”造增添新元素。

3. 品牌规范管理

东旭拥有规范的品牌管理机构，集团总部设有品牌传播中心。品牌传播中心作为整个集团的品牌建设平台部门，负责制订所有品牌运营机制和推广计划，并对各个分子公司的品牌建设进行评价和指导，如图 7-1 所示。

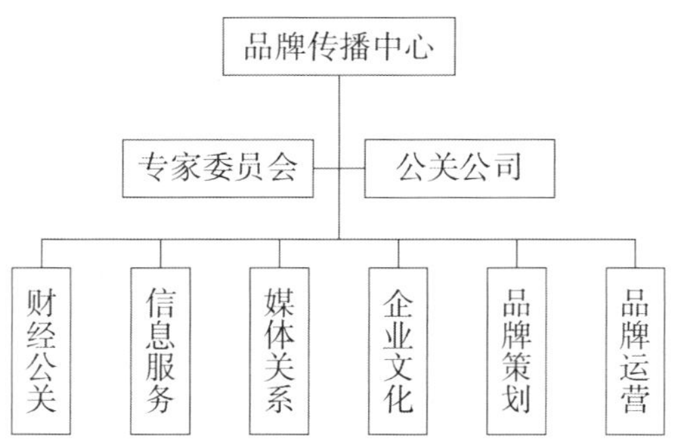

图 7-1　东旭品牌传播中心组织架构

在集团内部，各分子公司均设有品牌通讯员。品牌通讯员负责接收并传递集团总部的品牌指导意见，上报各组织品牌相关讯息，做到内部信息传递及时、准确，信息对称。在集团外部，专门聘请了 15 位国内外知名品牌专家成立了专家委员会，品牌传播中心与专家委员会每季度定期召开品牌沟通会，就东旭的品牌建设情况进行分析、研判，以便及时调整品牌策略。

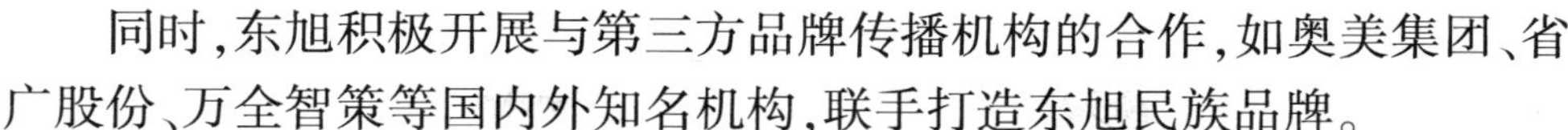

同时，东旭积极开展与第三方品牌传播机构的合作，如奥美集团、省广股份、万全智策等国内外知名机构，联手打造东旭民族品牌。

4. 品牌推广多措并举

2015 年是东旭的品牌管理提升年，集团对品牌推广工作提出了新要求，设定了新目标。品牌传播中心加大力度推广集团品牌、建设品牌文化，增强以质量和信誉为核心的品牌意识，提升品牌软实力，为实现"创世界一流、铸百年东旭"的伟大愿景提供有力的品牌支撑。

1）品牌推广渠道多样化

为了打造企业与媒体共赢的良好局面，东旭注重建立、维护与广大媒体的合作关系，积极为媒体提供真实、准确、及时的信息，配合媒体的舆论监督职能，对大众和投资者负责。

品牌传播中心建立了媒体资源库，对合作媒体进行数据库式管理。不定期组织媒体交流会，形式包括"选题研讨会""新闻发布会""媒体见面会"等。

东旭在百度搜索引擎建立集团品牌和新闻专区，加大对东旭品牌的宣传力度，树立和维护东旭的品牌形象。

微信公众号每月平均发布 10 期，每期 3 ~ 5 条高质量内容，每月针对发布内容进行用户、信息等方面分析，根据分析结果及时调整传播策略，目前头条阅读率稳定在 43% 左右，最高单条阅读率超过 67%，在企业公众号中属于较高水平。官方微博设立专人维护，每日更新集团最新动态、业务进展、重大创新等内容，及时将东旭的新闻信息传递给社会各界。

2）品牌建设与企业文化建设相结合

每位员工都代表着东旭的品牌形象，东旭在对外传播品牌的同时，还通过自媒体向内部员工传播品牌文化。每季度开展一次员工品牌知识培训和宣贯活动，以此培养员工的品牌意识，让员工自觉维护东旭品牌形象、传播东旭品牌文化。东旭企业文化平台和形式见表 7-1，相关文化建设活动如图 7-2 所示。

东旭企业文化平台和形式　表 7-1

企业文化平台	形　　式
《大东旭》企业报	半月刊,传递企业新闻动态,展现员工文化生活
《东旭企业文化手册》	东旭企业文化宣贯手册
升旗仪式	每月升国旗、奏国歌,宣读东旭誓词、唱《东旭之歌》
团队建设活动	每季度开展一次户外旅游、拓展等活动
员工俱乐部	现已建成游泳、羽毛球、舞蹈、摄影等 16 个俱乐部

图 7-2　东旭的相关文化建设活动

3)品牌吸引多方关注

东旭的持续快速发展,获得了业界瞩目,也吸引了众多媒体的报道和国家领导的亲切关怀。仅 2015 年上半年,东旭就接受媒体采访 22 次,对董事长的个人专访 7 次。媒体范围涵盖电视、广播、报纸、杂志、网络等。新华社、中新社、中央电视台财经频道、河北电视台、《人民日报》《第一财经日报》《经济观察报》《21 世纪经济报道》《中国经营报》《中国证券报》《上海证券报》《证券日报》《证券时报》《财经国家周刊》和讯网、金融界、凤凰财经等主流权威媒体均报道过东旭的相关事件与新闻。

5. 品牌维护

1)注重品牌保护

伴随着一系列重大科技创新成果的落地以及自主知识产权的获取,东旭率先以品牌注册保护的途径进行品牌保护部署工作,以适应未来的品牌国际化之路。公司成立 18 年来,陆续申请了集团及产品的注册商标。目前已经建成以"东旭"企业品牌为主品牌,以"王者熊猫""宝石克拉"等产品品牌为子品牌的多品牌定位与发展体系,如图 7-3 所示。

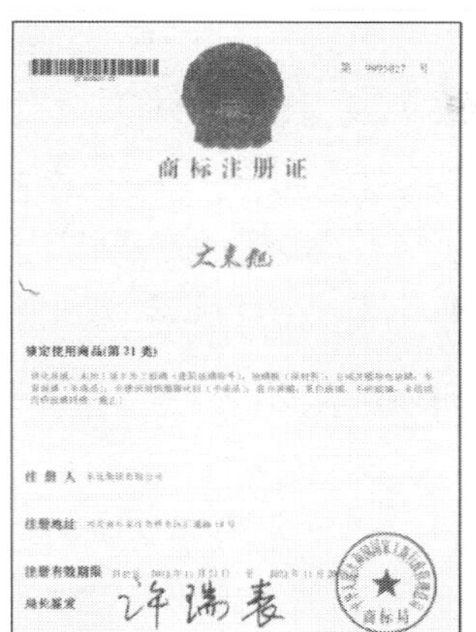

商标注册证

核定使用商品(第31类)

注册人

注册地址

注册有效期限

局长签发

商标注册证

核定使用商品(第9类)

注册人

注册地址

注册有效期限

局长签发

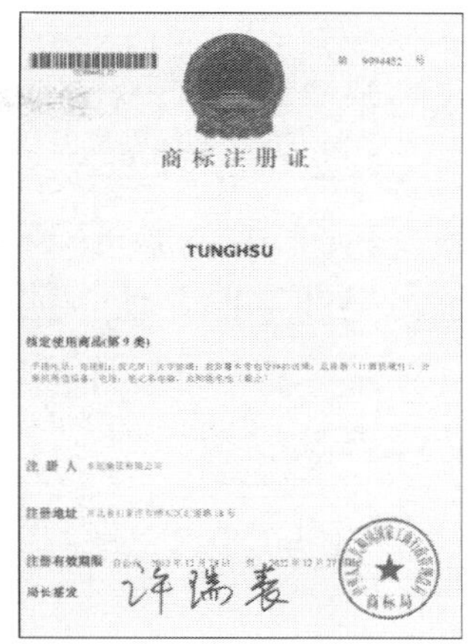

商标注册证

TUNGHSU

核定使用商品(第9类)

注册人

注册地址

注册有效期限

局长签发

图 7-3　东旭注册商标

2)开展品牌舆情管理

企业的健康发展离不开良好的舆论环境,为了营造良好的运营空间、维护品牌形象、向国际知名品牌迈进,东旭在 2013 年启动了品牌舆情监测,重点监测媒体、合作伙伴、投资者、员工等公众对东旭品牌的认知、传播及评价情况,同时制订了《品牌舆情监测机制》《品牌危机管理实施方案》等相关文件和管理措施。品牌传播中心负责每周出具《品牌舆情分析报告》,为东旭的品牌战略实施提供参考。

为全面维护企业品牌形象,东旭建立了品牌危机公关处理平台,明确品牌维护各节点职责,做到快速响应、妥善处理危机事件。

3)维护客户满意度

东旭在品牌建设过程中,将满足客户需求作为主导思想,以提升客户满意度。公司制订了详细的客户管理制度,定期进行客户满意度调查,认真听取客户对产品的意见和建议,及时反馈到相关部门进行改进,提高客户的满意度和忠诚度。近年来,公司未发生过因产品质量出现的任何纠纷,客户满意度为 92% 左右,赢得了较好的市场信誉,并多次被评为“守合同重信用单位”“信用建设示范单位”。

4)推进品牌 CIS 的标准化应用

2014 年以来,东旭着力推进 CIS 的标准化应用。现已完成整套 CIS

(Corporate Identity System)的建立。CIS包含三个方面,分别是BI(企业行为识别系统)、MI(企业理念识别系统)、VI(企业视觉识别系统)。

从入职培训开始,公司就要求新员工的学习和掌握CIS中的重要内容,包含东旭的核心价值观、企业精神、企业愿景、社会责任等。随着产业布局的不断扩大、业务领域的不断延伸,东旭旗下分公司与子公司数量越来越多,通过加强对品牌CIS标准化应用的指导和要求,确保东旭品牌形象的统一性。

四、品牌建设成果

从一家小型民营企业,到如今成为中国光电产业旗舰,东旭谱写出企业持续快速发展的有力篇章,成为“中国制造转向中国智造、中国速度转向中国质量、中国产品转向中国品牌”这“三个转变”的探索范本。“东方太阳”的光辉已洒向全球。(摘自《财经国家周刊》)

1. 品牌价值得到权威认可

经中国标准化研究院组织相关专家对东旭品牌价值进行评价,结果显示:东旭品牌强度为952.33分,品牌价值为1278184.61万元。

2. 品牌效应持续放大

1)政府支持力度不断加大

通过品牌软实力的提升,东旭吸引了众多外部资源,形成了资源聚集效应。先后获得各级政府多项资金支持,特别是2014年,国家发改委、工信部给予芜湖东旭光电科技有限公司技改资金支持;批准给予东旭承担“平板显示玻璃技术与装备国家工程实验室”项目支持资金;批准给予石家庄旭新光电科技有限公司和石家庄东旭光电装备技术有限公司智能制造专项资金;另外,2013年,发改委给予东旭石家庄旭新光电科技有限公司资金支持。国家各部委的大力支持为东旭民族品牌的持续健康发展起到了巨大的促进作用。

2)品牌发展助推企业做大做强

东旭与北京大学、中国人民大学、北京理工大学、北京工业大学、北京交通大学、西南科技大学等高校科研机构建立了基于产、学、研相结合的技术创新开发体系，建成了液晶基板玻璃国家工程实验室以及多个省级工程实验室（研究中心），全面推进企业的科技进步和创新发展。

五矿集团、京东方、长虹 COC、瑞士欧瑞康、日本白井、日本淀川、韩国 REP 等国内外知名企业与东旭共同开展产业链配套技术攻关，相互保持着长期友好合作关系。

3）品牌获社会认可

东旭的产品质量获得了下游企业的充分认可，王者熊猫高铝触控玻璃获得酷派等知名手机厂商的认证，液晶基板玻璃获得京东方等面板企业的认证。各项产品均与下游企业保持着长期合作伙伴关系。此外，东旭品牌还得到社会各界的广泛认可，企业知名度与品牌美誉度不断提升。近年来，公司获得多项品牌荣誉，每一项荣誉的背后，都凝聚着东旭人的不懈努力和付出。

2014 年 6 月 25 日，由世界品牌实验室（World Brand Lab）主办的“世界品牌大会”发布了 2014 年（第十一届）“中国 500 最具价值品牌”排行榜。东旭荣获“中国光电显示产业最具价值民族品牌”荣誉称号。

2014 年 7 月 17 日，工信部在 2014 年全国电子信息行业座谈会暨第 28 届中国电子信息百强企业发布会上揭晓了 2014 年中国电子信息百强企业名单，东旭位列前茅。

2015 年 5 月 30 日，在第九届中国上市公司市值管理高峰论坛上，中国上市公司市值管理研究中心公布了“2015 年度资本品牌溢价百强榜”榜单。东旭光电以远高于市场平均水平的品牌溢价效率而位居“溢价百强榜”第 7 位。

3. 品牌国际化之路

东旭的立业之本是光电产业，从 2010 年 5 月建成国内首条拥有完全自主知识产权的第 5 代液晶基板玻璃生产线开始，就注定了其品牌基因必将传承中华民族的血脉，品牌扩张必将肩负振兴中华民族品牌的使命。

目前东旭早已打破国外厂商垄断市场的局面,成为我国首家拥有基板玻璃全套核心技术的企业,使得一直被国外企业垄断的液晶基板玻璃产品,在中国市场的价格下降了30% ~40%。东旭已成功跻身世界基板玻璃品牌前五名,取得了中国企业在国际市场的部分话语权。但是,东旭的品牌国际化之路才刚刚起步,用十几年的时间赶超国外几十年的发展谈何容易。通过全体东旭人艰苦卓绝的努力,东旭目前在国外垄断企业手中夺回了1.93%的全球市场占有率,填补了我国以前此项产品的市场空白。

作为民族自主品牌,东旭始终肩负深深的民族责任感和使命感。近年来,企业不断把产品和业务延伸到国外。以绿色照明产业为例,2014年10月,成都东旭节能科技有限公司中标德国法兰克福高新产业园区照明项目,园区内所有相关内置照明(包括树木装饰、地下通道、桥梁等)设施都使用东旭“TUNGHSU”品牌产品。自此,东旭将智慧城市及新型城镇化建设的发展模式推向海外市场。

未来,东旭的目标不仅仅是将一个企业做大做强,更是要将一个集“团结、智慧、创造”等众多优秀品质于一身的民族品牌推向世界。东旭将是中华民族的东旭、世界人民的东旭,“东”方“旭”日的光辉将照耀全球。

第八章

“三位智创”管理体系社会和经济效益

本着“诚铸品牌，德报社会”的原则，东旭在做大做强自身业务的同时，积极承担社会责任，创立18年以来，公益支出累计达上亿元，提供就业岗位累计两万余人次。东旭始终沿着注重质量诚信、坚持质量安全、力求节能减排、切实环境保护的可持续发展道路前进。上市公司东旭光电始终把保护投资者利益放在首位，营业收入逐年递增。

一、积极承担社会责任

1. 打破技术垄断，填补国内空白

东旭通过5年时间的自主研发，突破了国外在玻璃料方技术、溢流成型和下拉技术、检验技术和智能管理技术等多方面的技术封锁，开发出拥有自主知识产权的平板显示基板玻璃的整套工艺及制造技术，建成了国内第一条液晶基板玻璃生产线，如图8-1所示。

图8-1　液晶基板玻璃生产线

液晶基板玻璃应用广泛,液晶电视、液晶电脑显示器和手机屏幕的显示面板就是由两片基板玻璃组成的。在全球范围内,基板玻璃作为一种工艺极为复杂的特殊产品,只有美国康宁、日本旭硝子、电气硝子和板硝子四家公司拥有完整的制作技术,全球基板玻璃市场多年都掌握在这四大厂商手中,因利润高,核心技术和装备制造技术均不对外输出。东旭取得这一技术突破后,成功打破国外垄断,实现了基板玻璃真正的国产化,为完善国内平板显示产业链补上了最重要的“缺环”。同时,也为我国光电显示产业自主创新发展探索出一条可借鉴途径。

2. 注重科技创新,带动产业经济

基于在光电显示领域的龙头地位,东旭结合自身产业优势和技术优势,持续在科技创新领域投入高额研发费用。高额投入带来了丰厚回报,东旭不仅在由传统显像管显示产业向平板显示产业转型升级的大潮中挺立潮头,还在光电显示新材料领域崭露头角,不断在石墨烯、蓝宝石等新型显示材料方面取得阶段性突破。

东旭与北京理工大学共同成立东旭光电石墨烯技术研究院作为产学研合作平台和孵化器。利用东旭的产业基地和设施,对北理工相对成熟的石墨烯科研成果择优进行二次开发,使之成为可应用于企业产业化生产的科技成果。此外,东旭通过投资控股江苏吉星新材料有限公司,来探索进入蓝宝石盖板领域。

目前东旭在全国已建成包括芜湖基地、绵阳基地、通辽基地、营口基地、石家庄基地、郑州基地等在内的十二大产业基地。产业基地在吸引产业聚集、整合产业资源、优化产业结构、提升产业价值方面起到了积极作用,同时为解决当地就业、创造税收提供了平台,更为区域经济的腾飞提供了有力支撑。

3. 坚持以人为本,承担社会责任

1)注重员工发展

人才是东旭最宝贵的资源,也是支撑东旭发展的根本力量。目前东旭拥有员工 12333 人,人均年收入 8.92 万元,处于行业领先水平。

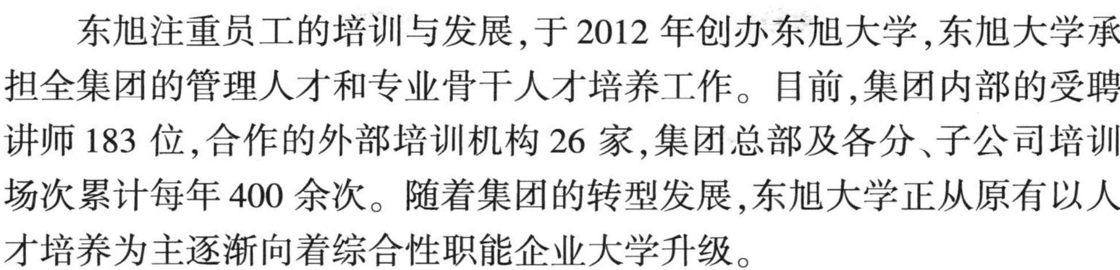

东旭注重员工的培训与发展，于2012年创办东旭大学，东旭大学承担全集团的管理人才和专业骨干人才培养工作。目前，集团内部的受聘讲师183位，合作的外部培训机构26家，集团总部及各分、子公司培训场次累计每年400余次。随着集团的转型发展，东旭大学正从原有以人才培养为主逐渐向着综合性职能企业大学升级。

为了让员工能够实现“随时随地学习”，东旭大学网络学院于2014年12月正式上线，同期推出了移动终端学习系统。网络学习平台的推出，开启了集团培训工作的O2O模式，既弥补了出差人员无法参加面授学习的缺憾，又缓解了面授学习和日常工作的时间冲突。目前，网络学院拥有注册学员3543人，各类知识1576项，日访问量最高达1262人。

在人才培养方面，东旭与北大光华管理学院合作“高级管理培训项目”，与北京交通大学合作“在职研究生培养项目”，共为集团培养了70余位中高级管理人才。2015年，东旭开始实施“管理培训生计划”，从重点大学选拔优秀的应届硕士毕业生进行培养，作为集团发展的管理后备人才。

员工的身心健康是企业最大的财富，也是企业得以稳定发展的保证，东旭每年定期组织员工进行健康体检，还为员工及其子女提供补充医疗保险；在员工生日当日，会收到由食堂面点师亲手制作的生日蛋糕；每逢佳节，东旭都会为员工精心准备节日礼物，送去集团温馨的祝福和问候；此外，还组织员工开展丰富多彩的业余活动。

2）回报股东利益

东旭旗下的上市公司——东旭光电科技股份有限公司建立了规范的公司治理结构，形成了科学有效的公司治理制度和工作流程，在内部控制、风险管理、激励约束、信息披露等方面，进行了卓有成效的制度建设；有效组织股东大会、董事会、监事会的工作，确保良好的沟通；积极支持董事履职，建立董事会与高级管理层的良好沟通。

东旭光电在实现自身快速发展的同时，不忘与投资者共同分享公司成长价值。2015年2月16日，东旭光电推出提振市场的2014年度利润分配方案:以 2014 年 12 月 31 日总股本 2662080001 股为基数,向全体股东每 10 股派发现金红利 1 元(含税)。这是东旭光电的第一次现金分红,也是其前身宝石 A 上市 18 年来首次派现。此次派现体现出东旭光电对未来发展抱有极大信心。与此同时,东旭光电发布了《未来三年股东回报规划》,其中明确表示,2015 年至 2017 年,公司将坚持以现金分红为主,且每年以现金方式分配的利润不少于当年实现可分配利润的 20%。

B 股是时代产物,其募集外汇资金的历史责任已经萎缩,可遗留的问题却困扰着政府及上市公司,推出 B 股回购是公司履行社会责任和股东责任的体现。2014 年 10 月 22 日,东旭光电启动首次 B 股回购,1 个月内,公司回购股份占 B 股总股份数的比例约为 16.67%,占公司目前总股本的比例约为 1.84%,购买最高价为港币 7.24 元/股,最低价为港币 6.26 元/股。截至 11 月 14 日,公司如期完成了公司此前的 B 股回购承诺,累计回购 B 股股份数量为 49999999 股,支付总金额港币 3.38 亿元。

3)热心公益活动

东旭以“感恩做人、敬业做事”为理念,热心公益事业。2011 年以来,分别向中国人民大学、北京交通大学、北京大学、北京大学基金会捐赠教育基金约 3000 万元,支持教育事业发展。

2014 年 9 月 28 日,由中国儿童少年文化艺术基金会主办的“思源计划”签约暨启动仪式在京举行。东旭向“思源计划”一次性捐款 1000 万元。该项目由“圆梦助学”“爱心学生奶免费发放”“助学夏令营”“创业有未来”等系列活动组成,全方位帮助青少年实现梦想。

2014 年 10 月 10 日,东旭联合创业公社、北京邮电大学、美国硅谷无线协会等共同发起并打造的“国内首家智能硬件创新平台”正式挂牌。平台将为智能硬件创业团队提供产品参考设计、技术研发、专利共享、产品生产制造、供应链管理、线上线下整合推广、金融服务等多种创业服务。

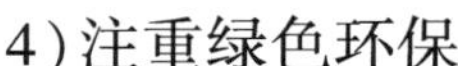

4)注重绿色环保

(1)液晶基板玻璃——中国首条绿色环保生产线。

2013 年 6 月 29 日,东旭石家庄旭新光电科技有限公司自主研发的“液晶基板玻璃生产工艺”完成了无砷环保料方的研制,成为我国首条绿色环保生产线。树立了行业典范,引领了绿色生产的潮流。

(2)液晶基板玻璃——全面升级的绿色低碳经济。

液晶基板玻璃产业相比传统的显像管 CRT 玻壳产业,具有明显的节能减排效果。传统 CRT 玻壳制造产业能耗、污染较大,一条 CRT 生产线用电 1180 万°/月、用天然气 240 万 m^3/月,产生含铅等有害物研磨泥,排放烟气中含铅等有害粉尘,并产生大量的二氧化氮。液晶基板玻璃一条生产线用电 150 万°/月、用天然气 16 万 m^3/月,采用了先进的纯氧燃烧技术,基本不产生和排放有害物质。从原材料消耗来讲,过去 32in 的彩电需要的玻璃材料大约 50kg,如今生产 32in 的液晶电视需要的玻璃材料只需要 1.6kg 左右,节省了大量原材料。液晶基板玻璃产业属于绿色低碳经济,具有十分明显的节能减排效果,如图 8-2 所示。

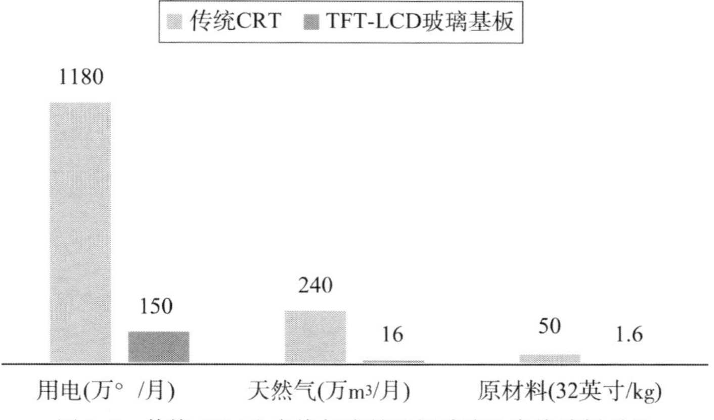

图 8-2 传统 CRT 生产线与液晶基板玻璃生产线消耗对比

(3)克拉管——绿色环保建材。

东旭生产的克拉管具备节能、节水、渗漏少、可回收等传统管材所不具备的优势,用于市政排水、排污系统,社会效益显著,对于节能减排和防止水系污染有重要意义。

一般来说，水泥管渗漏率比较高，达到20%左右，而克拉管渗漏率一般为0。截至2014年底，我国克拉管材料已推广应用15年，克拉管替代水泥管作为污水管道总长度已达5.5万km，由克拉管替代水泥管作为排污管道所减少的污水渗漏量已达160亿m^3，减少或减缓了各种污水对地下水和土质的污染。

（4）无极灯——绿色节能新光源。

东旭自主研发的无极灯，是国内最先进的第四代绿色节能新光源，其最大的特点是灯内没有灯丝和电极，采用电磁感应耦合方式激发放电发光，直接由电能转化成光能，见表8-1。东旭是无极灯行业标准的主要起草单位。应用无极灯可实现节能量54万tce/年，CO_2减排约143万t/年。2014年国家发改委将无极灯列入“国家重点节能低碳技术推广目录”，在全国推广应用。

无极灯与其他灯源技术参数对比　　表8-1

光源灯	光效（lm/W）	寿命（h）	启动时间（s）	显色指数（Ra）	频闪效应
无极灯	70~90	60000	<0.5	≥80	无
白炽灯	10~15	<1000		99~100	明显
高压钠灯	120	24000	120~600	<40	明显
金卤灯	80~100	18000	240~480	40~65	明显
高压汞灯	40~70	3000	120~600	<40	明显
LED	50~60	50000	<0.5	≥75	无

东旭高度重视推进环境保护、节能降耗、安全生产等工作，始终把环境保护、节能减排作为履行社会责任的一项长期战略性工作，在行业内率先编制了《循环经济发展规划》，通过技术改造和管理提升，充分实现资源高效、清洁、循环利用，走出了一条清洁生产、循环经济发展之路。

5）救济困难灾区

集团成立以来，先后向雅安、玉树、汶川地震灾区，印度洋海啸受灾友人，河北贫困乡镇等捐赠生产生活物资，总价值达千万元。同时，集团安排200多名残疾人就业，解决下岗职工就业2000余人。

二、逐步扩大社会影响

东旭的社会影响力随着品牌的提升、社会责任的履行逐渐扩大。旗下上市公司东旭光电更是因为历年来在资本市场的不俗表现获得了投资者的一致好评。东旭用实际行动不断丰富着企业社会责任的内涵。

1. 推动技术进步，引领行业转型

在全球由传统显像管显示产业向平板显示产业转型升级的大潮中，东旭带领原 CRT 产业团队，突破国外技术封锁（工艺参数保密、装备购买禁止、技术转让禁止、人才禁止等方面），加强技术创新、管理创新，率先研发出以玻璃液处理为核心的液晶基板玻璃自动加工生产线技术，为我国从 CRT 产业顺利向平板显示基板玻璃产业转型升级，奠定了宝贵的技术基础和团队基础。

2. 填补技术空白，维护产业安全

目前面板产业上游的核心原材料液晶基板玻璃对进口的依赖程度非常高，极大地威胁和阻碍我国平板显示产业的安全和后续健康发展。东旭液晶基板玻璃自动加工生产线技术的成功应用，打破了国外垄断，填补了国内技术空白，有效维护了我国平板显示产业的安全。

3. 把握时代脉搏，引领消费潮流

液晶基板玻璃自动加工生产线技术市场化应用后，其产品应用到各种显示终端，与我们的生活紧密相连，如智能手机、平板电脑、平板电视以及邮政、银行、交通领域的各种触控屏显示终端，极大地提升了人们的生活质量，国产化更是降低了人们的消费成本，丰富了人们的文化生活。

东旭石墨烯和蓝宝石新材料的研发成果一旦得到市场转化，更将为人们提供不一样的视觉享受，从而引领新一轮的消费热潮。

4. 践行创新战略，树立典型案例

液晶基板玻璃自动加工生产线技术的应用，为我国实施创新驱动发展战略，起到了较好的示范带头作用，被评为技术创新的典型案例。国家有关领导、部委以及业内院士、资深专家都十分关心和支持液晶基板玻璃民族产业的发展，支持公司加强国家工程实验室等各种研发平台的建设，充分调动全国的优质资源，不断进行技术创新，推动液晶基板玻璃产业的持续健康发展。

作为综合性投资集团，东旭在注重自身发展，努力提高效益，积极服务公众，促进城市繁荣的同时，时刻牢记自己是社会的一分子，要承担相应的社会责任，回报社会、造福社会。

第九章
质量方法创新做法典型案例

一、案例1

1. 方法名称

以“定义(Define)、测量(Measure)、分析(Analysis)、改进(Improve)、控制(Control)”为主体的五阶段改善法。

2. 所解决的问题描述

液晶基板玻璃表面颗粒数量的多少,直接影响液晶面板厂制造的液晶显示屏的画质效果,客户对此项性能的要求也是越来越严格,已由最初的200个/片,到现在的40个/片。而我司现有水平为150个/片,如图9-1所示。为了更好地满足客户需求,给客户提供更优质的液晶基板玻璃,特组织对此问题进行专题改善。

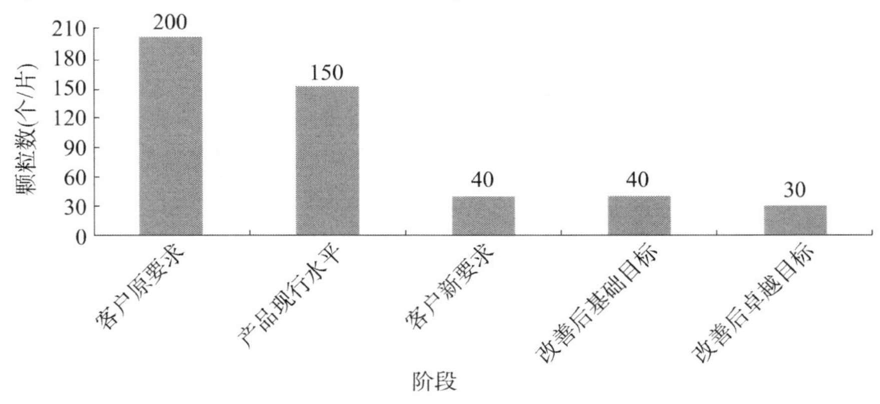

图9-1 颗粒改善现状、目标对比

3. 问题原因分析

分别对涉及的4个工序(精切、研磨、清洗、检查)进行流程分析,找出38个潜在因子。对38个潜在因子分别进行"多变量分析""定量分析""假设检验"等方法,得出分析结论。其中29个因子能得到快速解决方案,进行即时改善;4个因子需要收集数据(抛光进给程度、箱体内外压差、风刀单元和检查间压差、盘刷压入量),进行试验设计(DOE)分析后确定改善对策;5个因子通过假设检验,判定无影响,无须改善。

4. 问题解决对策

通过对4个因子收集数据进行试验设计(DOE)分析,并针对试验设计(DOE)结果进行验证,验证达到设计目标,立即进行改善(表9-1)。

试验设计(DOE)分析 表9-1

项目	主要因子	因子水平	模型	试验次数
颗粒	抛光进给程度	0.005mm/3m	2K+中心点实验	21次
		0.005mm/20m		
	箱体内外压差	0Pa		
		+2Pa		
	风刀单元和检验间压差	0Pa		
		+2Pa		
	盘刷压入量	0.5mm		
		1.0mm		

同时对29个快速解决方案进行逐一对策,图9-2所示为清洗工序"滚刷压入量"的改善对比图。

5. 方法创新解决问题的成效

课题改善完成后,通过3个月的连续检测,颗粒数量达到≤40个/片的目标(日平均为25个/片),如图9-3所示。

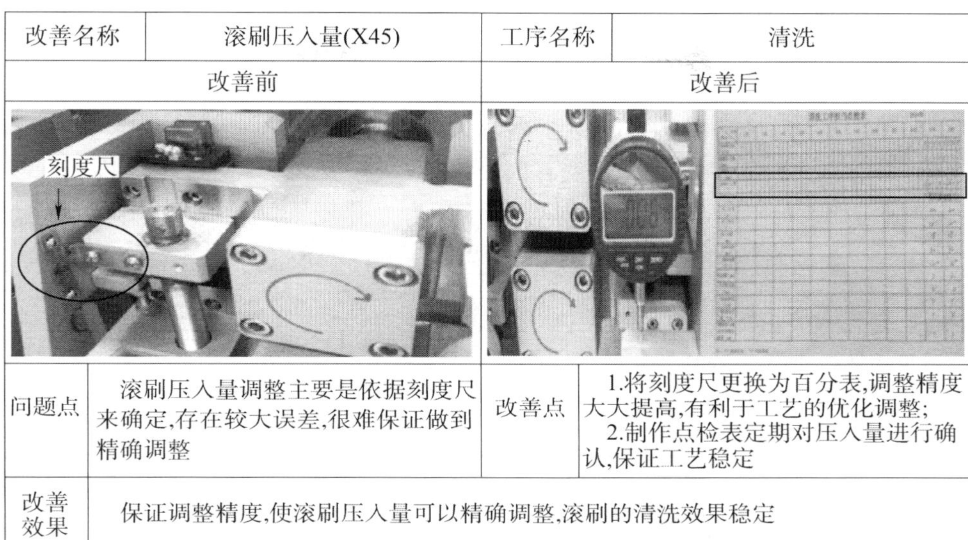

改善名称	滚刷压入量(X45)	工序名称	清洗
改善前		改善后	
问题点	滚刷压入量调整主要是依据刻度尺来确定,存在较大误差,很难保证做到精确调整	改善点	1.将刻度尺更换为百分表,调整精度大大提高,有利于工艺的优化调整; 2.制作点检表定期对压入量进行确认,保证工艺稳定
改善效果	保证调整精度,使滚刷压入量可以精确调整,滚刷的清洗效果稳定		

图 9-2　试验设计(DOE)分析

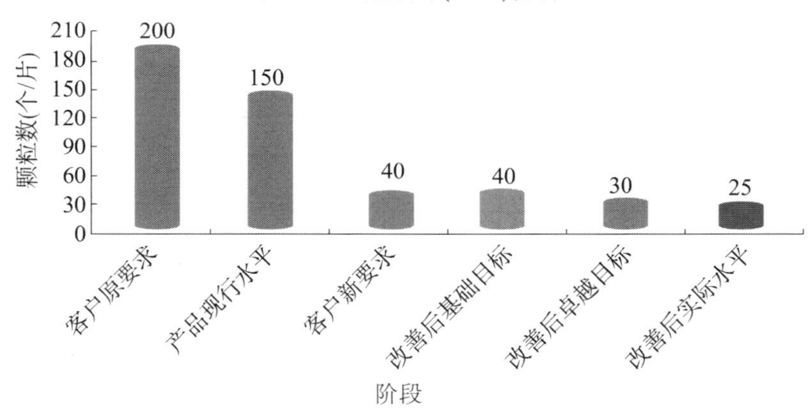

图 9-3　颗粒改善前、改善后对比

6. 质量创新方法概述

以“定义(Define)、测量(Measure)、分析(Analysis)、改进(Improve)、控制(Control)”为主体的五阶段改善法,是一种基于数据,以客户需求为驱动的管理方法,通过对问题进行定义,确定问题的质量关键点(CTQ),通过运用测量系统分析(MSA)、失效模式与影响分析

(FMEA)、试验设计(DOE)等质量工具,找出导致问题产生的主要原因并进行改善,改善后对改善成果进行文件标准化及监控,进一步巩固改善成果。

1)定义阶段(Define)

成立改善团队,对问题进行定义,找出问题的质量关键点(CTQ),确定问题现状、改善目标及预期的改善收益,并制订详细的日程计划。

①项目改善背景。

②问题陈述。

③确定质量关键点(CTQ)(图9-4)。

④项目改善工艺环节。

⑤问题(Y)及缺陷定义。

⑥确定基线与改善目标。

⑦预期项目收益。

⑧项目团队组成。

⑨项目日程计划。

客户及CTQ

项目	供应商	内部客户	外部客户
客户是谁	熔配成型	检验	XA、XB、N等
客户要求	半成品无污渍、粉尘	上道工序交检颗粒	整版颗粒达到客户要求(≤40个/PCS)
CTQ	污渍、粉尘	玻璃基板无污渍、粉尘,无需再清洗	整版颗粒

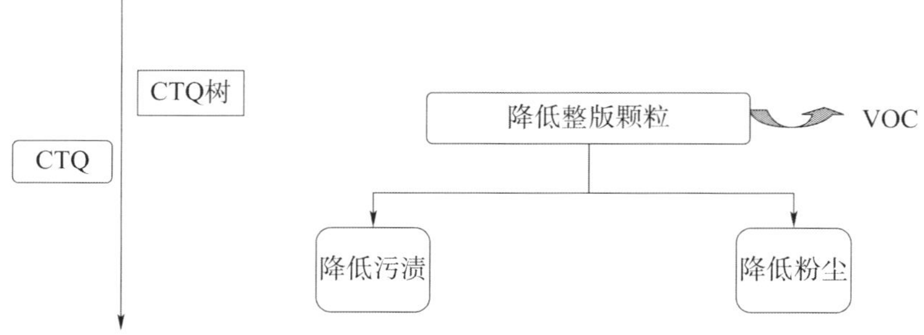

图9-4 确定质量关键点(CTQ)

2）测量阶段（Measure）

通过对测量系统分析（MSA）确定测量系统是否满足需求，对现阶段的过程能力进行分析，确定现阶段的过程能力，并通过对过程进行失效模式与影响分析，找出关键因子。其中，能快速改善的因子进行及时改善，不能确定的因子纳入分析阶段进行分析。

①Y 的确认和拆分。

②Y 的测量系统分析（MSA）（图 9-5）。

③Y 的过程能力分析。

④变量流程图。

⑤CE 矩阵。

⑥失效模式与影响分析（FMEA）。

⑦即时改善。

⑧效果验证。

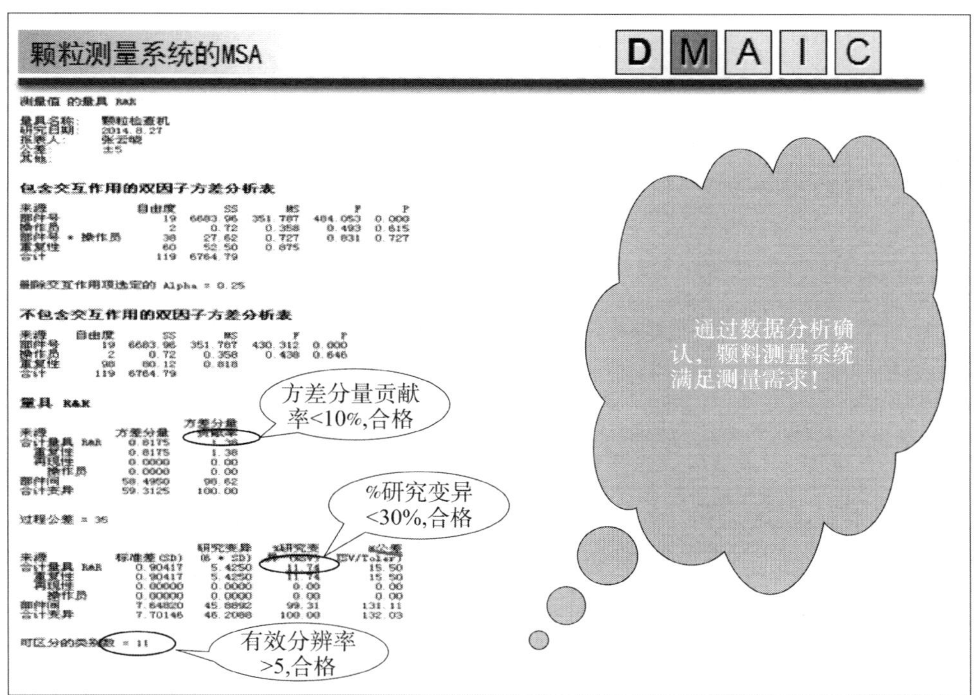

图 9-5　测量系统分析（MSA）

3)分析阶段(Analysis)

通过对进入A阶段的因子进行推理性统计分析,得出进一步分析结论,对得到改善方案的进行及时改善,未得到改善方案的主要因子进入改善阶段通过试验设计(DOE)分析。

①流程分析。

②多变量分析计划。

③定量分析影响因素(表9-2)。

④数据收集计划。

⑤假设检验。

⑥分析阶段结论。

定量分析影响因素 表9-2

序号	潜在根本原因	影响指标	验证问题	数据属性(X+Y)	验证工具
X27	上下掰断位置	粉尘	不同上下掰断位置与粉尘的关系	计数型+计数型	卡方检验
X28	研磨风机频率	粉尘	不同研磨风机频率与粉尘的关系	计数型+计数型	2P检验
X29	抛光轮的转速	粉尘	不同抛光轮转速与粉尘的关系	计数型+计数型	2P检验
X32	轴承产尘	粉尘	轴承是否产尘与粉尘的关系	计数型+计数型	卡方检验
X34	周围环境	粉尘	颗粒检前洁净度与粉尘的关系	计数型+计数型	2P检验
X35	洁净空气洁净度	粉尘	不同洁净空气洁净度与粉尘的关系	计数型+计数型	2P检验
X36	风刀单元洁净度	粉尘	不同风刀单元洁净度与粉尘的关系	计数型+计数型	卡方检验
X37	环境洁净度	粉尘	不同检查间洁净度与粉尘的关系	计数型+计数型	2P检验
X38	VCM砧板吸尘大小	粉尘	不同砧板吸尘压力与粉尘的关系	计数型+计数型	2P检验
X39	A面吸尘风速	粉尘	不同A面吸尘风速与粉尘的关系	计数型+计数型	2P检验
X41	加工区洁净度	粉尘	不同加工区洁净度与粉尘的关系	计数型+计数型	2P检验
X42	水洁净度	粉尘	不同水洁净度与粉尘的关系	计数型+计数型	卡方检验
X43	盘刷的压入量	粉尘	不同盘刷压入量与粉尘的关系	计数型+计数型	2P检验
X44	滚刷的压入量	粉尘	不同滚刷压入量与粉尘的关系	计数型+计数型	2P检验

4)改进阶段(Improve)

对进入I阶段的因子分别进行试验设计(DOE)试验设计,并针对DOE试验结果进行验证,试验结果达到目标后,立即进行改善。

①试验策划。

②对策方案。

③试验设计(DOE)(图9-6)。

④改善结果验证。

⑤I阶段总结。

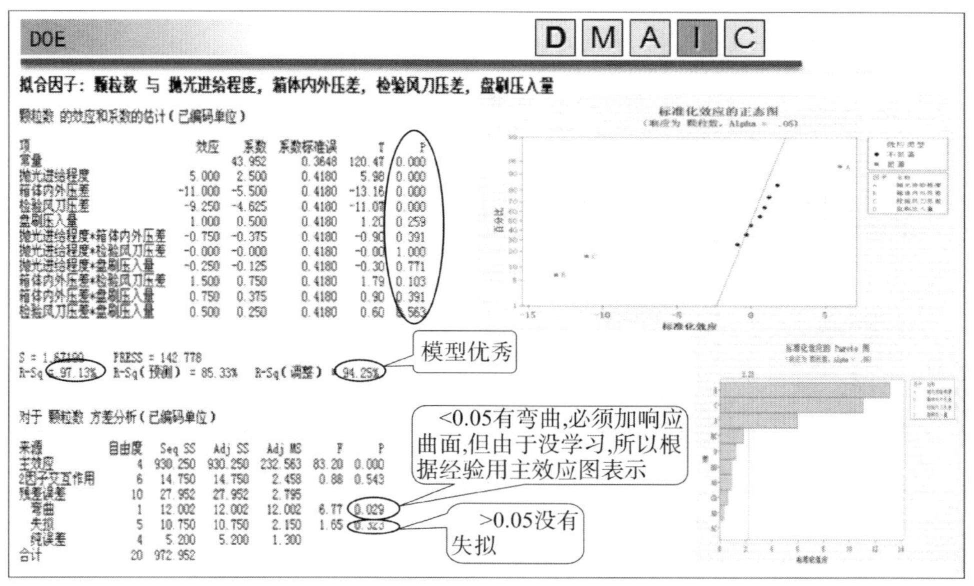

项	效应	系数	系数标准误	T	P
常量		43.952	0.3648	120.47	0.000
抛光进给程度	5.000	2.500	0.4180	5.98	0.000
箱体内外压差	-11.000	-5.500	0.4180	-13.16	0.000
检验风刀压差	-9.250	-4.625	0.4180	-11.07	0.000
盘刷压入量	1.000	0.500	0.4180	1.20	0.259
抛光进给程度*箱体内外压差	-0.750	-0.375	0.4180	-0.90	0.391
抛光进给程度*检验风刀压差	-0.000	-0.000	0.4180	-0.00	1.000
抛光进给程度*盘刷压入量	-0.250	-0.125	0.4180	-0.30	0.771
箱体内外压差*检验风刀压差	1.500	0.750	0.4180	1.79	0.103
箱体内外压差*盘刷压入量	0.750	0.375	0.4180	0.90	0.391
检验风刀压差*盘刷压入量	0.500	0.250	0.4180	0.60	0.563

来源	自由度	Seq SS	Adj SS	Adj MS	F	P
主效应	4	930.250	930.250	232.563	83.20	0.000
2因子交互作用	6	14.750	14.750	2.458	0.88	0.543
残差误差	10	27.952	27.952	2.795		
弯曲	1	12.002	12.002	12.002	6.77	0.029
失拟	5	10.750	10.750	2.150	1.65	0.323
纯误差	4	5.200	5.200	1.300		
合计	20	972.952				

图9-6 试验设计(DOE)

5)控制阶段(Control)

将改善结果进行标准化,并利用统计过程控制(SPC)的相关控制工具进行监控,巩固改善成果。

①控制计划。

②SOP改善培训。

③文件标准化。

④数据收集PPK控制图。

⑤财务收益。

⑥文件交接。

⑦项目总结。

二、案例2

1. 方法名称

运用“三镜”仿真系统分析池炉气泡不良的原因。

2. 所解决的问题描述

产线改造投产后气泡不良高发,其间气泡不良废弃率为50.4%,严重影响产品综合良品率。

3. 问题原因分析

根据柏拉图收集缺陷数据分析:气泡缺陷因素占比99%,溃泡缺陷因素占比1%。发现气泡缺陷为解决的主要问题。

4. 问题解决对策

使用基于神经网络模型的“三镜”仿真系统,分三步找出影响气泡缺陷的主要工艺参数:先使用“望远镜”模糊查找,再使用“放大镜”准确查找。最后通过“显微镜”精确查找。运用回归分析法确定最佳工艺参数水平进行控制,降低气泡缺陷率。

5. 创新解决问题的成效

改善前气泡平均缺陷率为48%,改善后气泡平均缺陷率为3.1%,改善效果明显。

6. 质量工法创新概述

1)计划

针对气泡不良高发问题,从项目涉及的工艺流程上挑选成员,成立项目小组,组长负责成员分工,与标杆对手对比找差距,确定项目目标,初步拟制项目实施计划(表9-3)。

控制阶段工作计划　　表 9-3

序号	Y 定义	名称	数据类型	测量系统能力	漏判率	误判率	过程能力	过程能力判定
1	Y1	气泡缺陷	计数型	80% ~90%可接受	2% ~5%	5% ~10%	缺陷 PPM = 556547，过程 Z 值 = −0.14	过程能力不足，需要改善
2	Y2	溃泡缺陷	计数型	80% ~90%可接受	2% ~5%	5% ~10%	缺陷 PPM = 709，过程 Z 值 = 3.19	过程能力尚可

2）实施

首先对气泡缺陷率的历史数据使用柏拉图进行分析，气泡不良分为气泡缺陷及溃泡缺陷，其中气泡缺陷为主要缺陷不良。使用测量系统分析对气泡缺陷检出能力进行分析，得出气泡缺陷检出能力为 93%，可以满足要求。使用最近一周的气泡缺陷率数据，计算气泡缺陷的过程能力 Z 值不足，需要提高气泡缺陷过程能力。

运用“三镜”仿真系统分析影响气泡缺陷的参数，经过“望远镜”“放大镜”“显微镜”三层数据分析，找出关键参数进行改善。

“三镜”仿真系统分为模糊查找、准确查找和精确查找过程，运用神经网络训练方法（图 9-7），将初步选定的 45 个工艺参数的历史数据输入池炉系统仿真模型，输出网络均方差结果，再经过分析后剔除相关性不强的工艺参数，将留下来的参数继续使用此方法剔除，经过层层筛选后，确定 X10 比电阻梯度、搅拌段温度、功率三个工艺参数为影响气泡缺陷的主要原因。

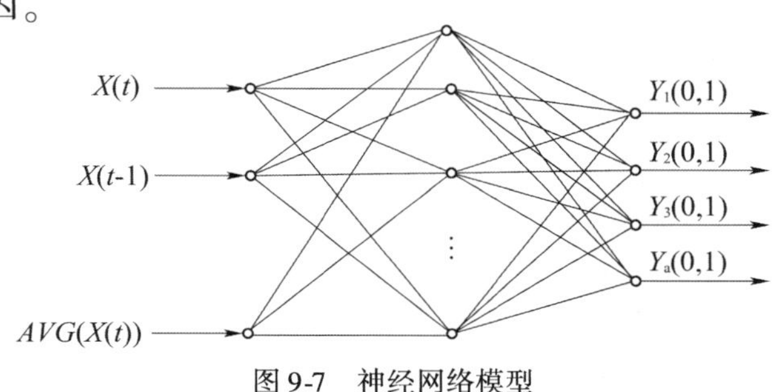

图 9-7　神经网络模型

针对 X10 比电阻梯度，通过调整电流分配比例，优化玻璃液温度梯度，使电阻差值减小（图 9-8）。

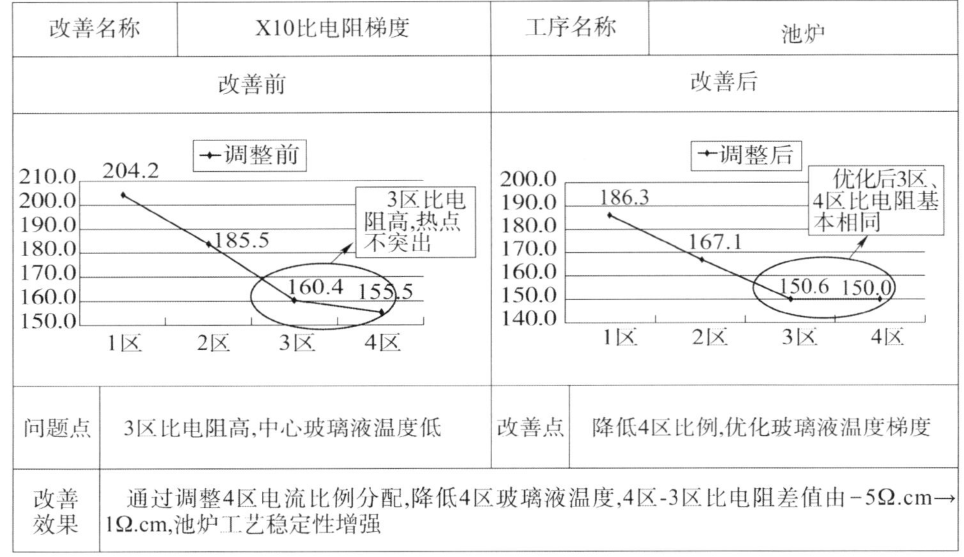

改善名称	X10比电阻梯度	工序名称	池炉
改善前		改善后	
问题点	3区比电阻高，中心玻璃液温度低	改善点	降低4区比例，优化玻璃液温度梯度
改善效果	通过调整4区电流比例分配，降低4区玻璃液温度，4区-3区比电阻差值由－5Ω.cm→1Ω.cm，池炉工艺稳定性增强		

图 9-8　X10 比电阻差改善

结合实际生产针对 1 号搅拌桶温度和 2 号搅拌桶温度两个工艺参数使用 DOE 实验设计及回归分析，寻找最优水平，按照实验设计结果调整工艺，气泡缺陷率降低至 3.9%（表 9-4）。

实 验 设 计 结 果　　表 9-4

序号	试验项目	目的 Y	DOE 方案	试 验 结 果	改进方案验证	工艺改进结果
1	1 号搅拌桶温度	气泡检出率	单因子试验	1 号搅拌桶温度 1465-1502℃	1 号搅拌桶温度升高，半成品气泡不良率降低，良品率提升	气泡不良 27.7%→3.9%，稳定性加强
2	2 号搅拌桶温度	气泡检出率	单因子试验	2 号搅拌桶温度 1470-1482℃	2 号搅拌桶温度升高，气泡缺陷无显著改善	无

3）检查

制订控制计划（表 9-5），对项目实施结果跟踪、检查，保证池炉工艺稳定。

控制计划 表 9-5

<table>
<tr><td colspan="13">控制计划</td></tr>
<tr><td>阶段名称</td><td colspan="12">□样件　试生产　■生产</td></tr>
<tr><td colspan="4">控制计划编号：</td><td colspan="5">主要联系人/电话：赵玉乐/18736020391</td><td colspan="2">日期（编制）：
2016 年 6 月 2 日</td><td colspan="2">日期（修订）：</td></tr>
<tr><td colspan="4">零件编号/最新更改等级：</td><td colspan="5">核心小组成员：赵玉乐 王光祥 韩军 申晨光
胡义斌 苏邓华</td><td colspan="4">客户技术批准/日期（如需要）</td></tr>
<tr><td colspan="4">零件编号/描述：</td><td colspan="5">组织/工厂批准/日期：</td><td colspan="4">客户质量批准/日期（如需要）</td></tr>
<tr><td colspan="3">组织/工厂：</td><td colspan="2">组织代码</td><td colspan="4">其他批准/日期（如需要）</td><td colspan="4">其他批准/日期（如需要）</td></tr>
<tr><td rowspan="3">零件/过程编号</td><td rowspan="3">过程名称/操作描述</td><td rowspan="3">机器、装置、夹具、工装</td><td colspan="3">特性</td><td rowspan="3">特殊特性分类</td><td colspan="5">方法</td><td rowspan="3">反应计划</td></tr>
<tr><td rowspan="2">编号</td><td rowspan="2">产品</td><td rowspan="2">过程</td><td rowspan="2">产品/过程规范/公差</td><td rowspan="2">评价/测量技术</td><td colspan="2">样本</td><td rowspan="2">控制方法</td></tr>
<tr><td>容量</td><td>频率</td></tr>
<tr><td>A1</td><td></td><td></td><td></td><td>气泡</td><td></td><td></td><td></td><td></td><td>100%</td><td>连续</td><td>点检表</td><td>气泡波动时，通过池炉通道，取样分析</td></tr>
<tr><td>A2</td><td>铂金通道</td><td>1 号搅拌段</td><td>X11</td><td></td><td>1 号搅拌段温度</td><td></td><td>±2℃</td><td>热电偶</td><td>100%</td><td>在线监控</td><td>自动控制</td><td>温度波动时，切手动控制，查找原因</td></tr>
<tr><td>A3</td><td>铂金通道</td><td>2 号搅拌段</td><td>X12</td><td></td><td>2 号搅拌段温度</td><td></td><td>±2℃</td><td>热电偶</td><td>100%</td><td>在线监控</td><td>自动控制</td><td>温度波动时，切手动控制，查找原因</td></tr>
<tr><td>A4</td><td>铂金通道</td><td>CD1</td><td>X13</td><td></td><td>CD1 温度</td><td></td><td>±2℃</td><td>热电偶</td><td>100%</td><td>在线监控</td><td>自动控制</td><td>温度波动时，切手动控制，查找原因</td></tr>
<tr><td>A5</td><td>铂金通道</td><td>CD2</td><td>X14</td><td></td><td>CD2 温度</td><td></td><td>±2℃</td><td>热电偶</td><td>100%</td><td>在线监控</td><td>自动控制</td><td>温度波动时，切手动控制，查找原因</td></tr>
<tr><td>A6</td><td>池炉</td><td>TTC3#</td><td>X15</td><td></td><td>碹顶 TTC3 号温度</td><td></td><td>±3℃</td><td>热电偶</td><td>100%</td><td>在线监控</td><td>自动控制</td><td>温度波动时，切手动控制，查找原因</td></tr>
</table>

4）行动

收集改善后气泡缺陷不良数据，对项目最终改善效果确认，从7月后气泡缺陷率稳定在3%左右（图9-9）。

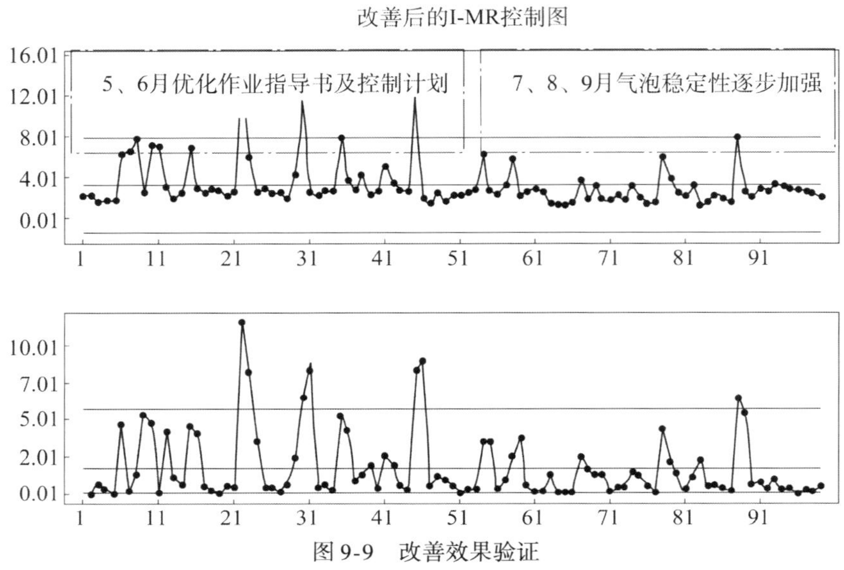

图9-9　改善效果验证

三、案例3

1. 方法名称

基于自主创新的“及时发现、及时分析、及时解决、及时跟踪”四及时质量管理方法。

2. 所解决的问题描述

问题为铂金通道温控不稳。铂金通道段温度较高，其加热器件热电偶极容易氧化、老化，温度值产生漂移和偏差，造成加热回路的功率偏离正常值，因此需定期做氧化补偿操作，以期对热电偶的漂移量进行校正。在实际操作中，通过操作员手动完成对温度设定值的修改，由于需要修订的回路较多，操作人员极易输错温度设定值，造成加热回路温度波动。

因手动调节影响最终产品质量，须设计智能氧化补偿系统实现自动化。

3. 问题原因分析

在实际的氧化补偿操作时，人工手动完成修改操作，易出现误操作，造成加热回路温度波动；或调整不及时，影响最终产品的质量，并间接影响整个生产过程。

4. 问题解决对策

依据“及时发现、及时分析、及时解决、及时跟踪”四及时质量管理方法，技术团队通过自主研发，对热电偶漂移量进行了重新研讨和校核，确定智能氧化补偿系统的设计方法，实现温控调整的自动控制。

5. 创新解决问题的成效

通过对铂金通道电加热系统氧化补偿程序的设计、修改和应用，使得烦琐的人工操作得到了简化，避免了由于人工操作失误而导致温度的波动；氧化补偿由阶段性补偿改为实时补偿，有力地保障氧化补偿工作的精确调整，对于铂金通道提高控制精度、减少温度波动具有重要意义。

此次质量管理方法的实施，充分证明了在“智质双联”东旭质量管理模式指导下的基于自主创新的“及时发现、及时分析、及时解决、及时跟踪”四及时质量管理方法对质量提升和管控的有效性。

6. 质量工法创新概述

在“智创双联”的东旭质量管理模式下，建立基于自主创新的“四及时”质量管理方法，做到出现问题，及时发现、及时分析、及时解决、及时跟踪。采用“四及时”质量创新方法解决了铂金通道温控不稳的问题：通过智能机器及时发现铂金通道温度的波动，并根据波动排查可能问题的原因，确定最终引起温控波动的原因，针对该原因迅速组建攻关小组，以 FMEA（失效模式和影响分析）为质量工具，设计自调整系统，一举进行攻克，并及时跟踪后续温控的波动。

1）及时发现

对于连续生产的制造业，对异常现象要有绝对的敏感度，否则出现问题未及时发现将导致产生大量的废品，造成浪费。因此及时发现是保证质量安全的先决条件。

2）及时分析

因铂金通道氧化补偿延迟或调整错误导致的温控稳定性差，需分析产生的原因并给出具体的对策，从严控人工调整制度管理和自控调节两个角度进行对比分析。为了保证温控对策的及时准确，完全消除人为影响，公司确定自主研发自动控制系统改善温控调节。

3）及时解决

技术团队对热电偶漂移量进行了重新研讨和校核，确定自控氧化补偿系统的设计方法，以 FMEA（失效模式和影响分析）为质量工具，对构成过程的各个工序逐一进行分析，找出所有潜在的失效模式，并分析其可能的后果，最终确定的设计手段如下。

氧化补偿程序设计功能图（以单个回路为例）如图 9-10 所示。

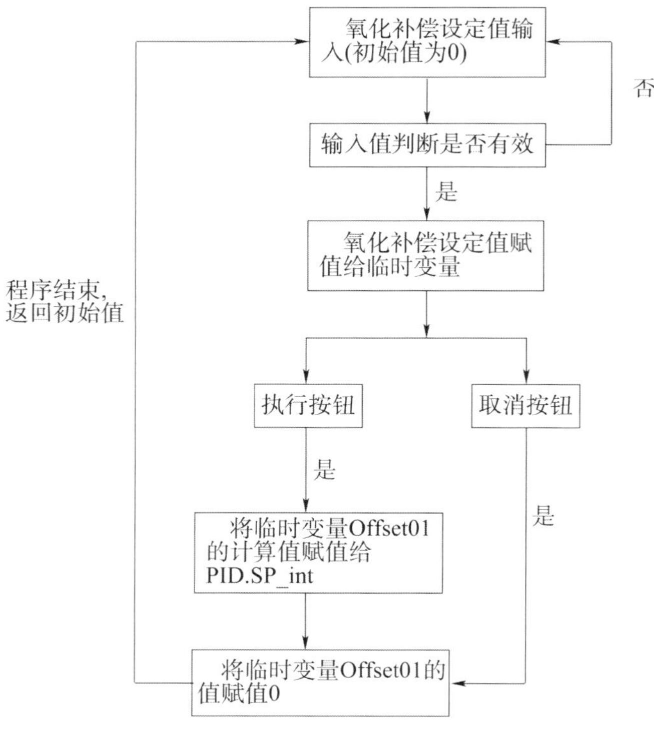

图 9-10　改善效果验证

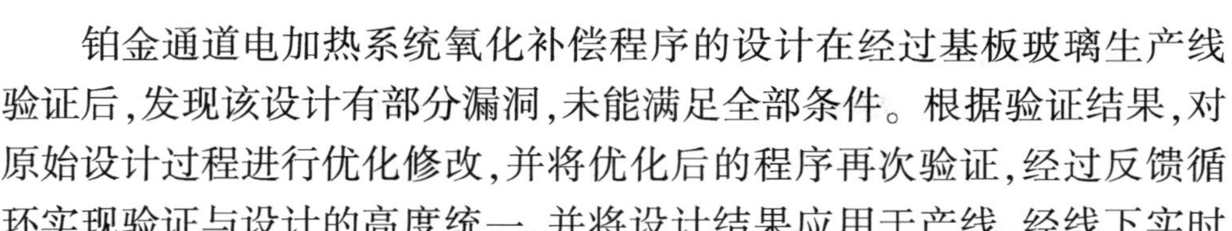

铂金通道电加热系统氧化补偿程序的设计在经过基板玻璃生产线验证后，发现该设计有部分漏洞，未能满足全部条件。根据验证结果，对原始设计过程进行优化修改，并将优化后的程序再次验证，经过反馈循环实现验证与设计的高度统一，并将设计结果应用于产线，经线下实时验证保证了设计的准确性。

4）及时跟踪

对铂金通道温控系统自动化进行及时跟踪，采用验证方式定期跟踪。确保温控系统的稳定。

四、案例4

1. 方法名称

基于智能技术的精益六西格玛质量改善方法。

2. 所解决的问题描述

课题名称：提升0.4mm基板玻璃应力≤120psi、≤100psi占比率。

0.4mm液晶基板玻璃较0.5mm基板玻璃薄20%，牵引辊转速提高30%，成型极易发生断板，热切切割掰板稳定性差，应力品质调整难度大。2015年0.4mm基板玻璃应力≤120psi占比仅为69.93%、≤100psi占比仅为47.47%，客户端抱怨应力偏大、TP不良发生率高（图9-11）。

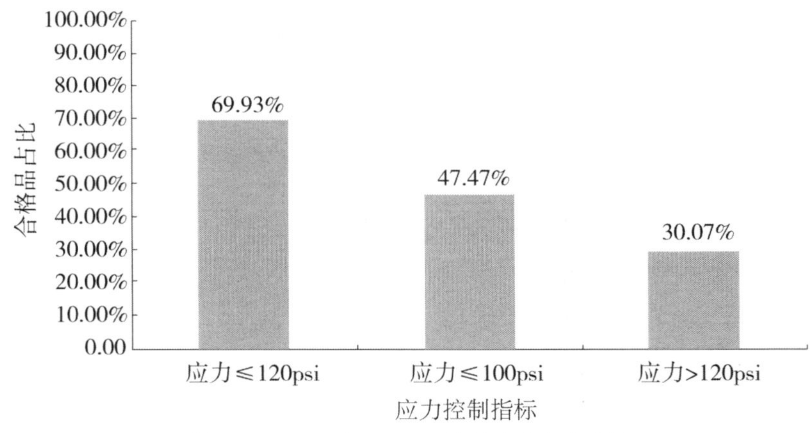

图9-11 2015年0.4mm基板玻璃应力现状

3. 问题原因分析

在技术专家以及现场工程师对“成型、热切”工序对影响玻璃应力进行分析后，找出 9 个潜在因子，通过鱼骨图、因果矩阵、柏拉图找出影响应力的 5 个重要因子(3 号辊转动不畅、退火温度场不稳定、2 号辊凸台直径、2 号辊月牙板距离不统一、LE 掰板晃动大)。

4. 问题解决对策

对 5 个因子收集数据，通过快速解决方案进行逐一对策，并确认效果。表 9-6 成型工序“3 号分体式牵引辊改造”的改善对比。

分体式牵引辊改造对比　　表 9-6

<table>
<tr><td>工序</td><td>成型</td><td rowspan="2">3 号分体式牵引辊改造</td><td rowspan="2">改善类别</td><td>技术</td><td>管理</td><td>设备</td><td>材料</td><td>费用</td><td>其他</td></tr>
<tr><td>改进对象</td><td>3 号分体式牵引辊</td><td></td><td></td><td>√</td><td></td><td></td><td></td></tr>
<tr><td colspan="3">改善前</td><td colspan="7">改善后</td></tr>
<tr><td colspan="3">问题点
老式的 3 号分体式牵引辊轴承位置完全敞开，玻璃粉尘易聚集；无冷却装置，轴承滚珠易受热变形，使用一周左右，就会出现因轴承运转不畅而引起的 3 号辊停转甚至卡死，而因此被迫更换 3 号辊，严重影响生产效率及成型工艺的稳定性</td><td colspan="7">改善内容
1. 3 号辊支撑座增加密封罩，避免玻璃粉尘等杂物侵入轴承处。
2. 在密封罩侧面开孔，接入冷却空气对轴承位强冷
3. 空心底座技改为实心底座，耐高温、不易变形</td></tr>
<tr><td colspan="10">改善效果
大幅度延长了 3 号辊的使用寿命，减少了 3 号辊的更换频次(改善前 20d/次、改善后 70d/次)，3 号辊卡顿现象消失，成型工艺的稳定性增强，玻璃基板品质的一致性明显提高</td></tr>
</table>

5. 创新解决问题的成效

通过项目攻关对策后，应力≤120psi 占比 99.31%、应力≤100psi 占比 84.14%，完成目标(图 9-12)。

6. 质量工法创新概述

基于智能技术的精益六西格玛质量改善方法，首先确定问题的质量关键点（CTQ），通过运用测量系统分析（MSA）验证测量系统的可靠性，运用六西格玛流程图、因果矩阵及鱼骨图、柏拉图等 QC 手法找出产生问题的主要原因，并使用快赢措施进行改善，对有效果的改善措施进行文件标准化及监控，以巩固改善成果。

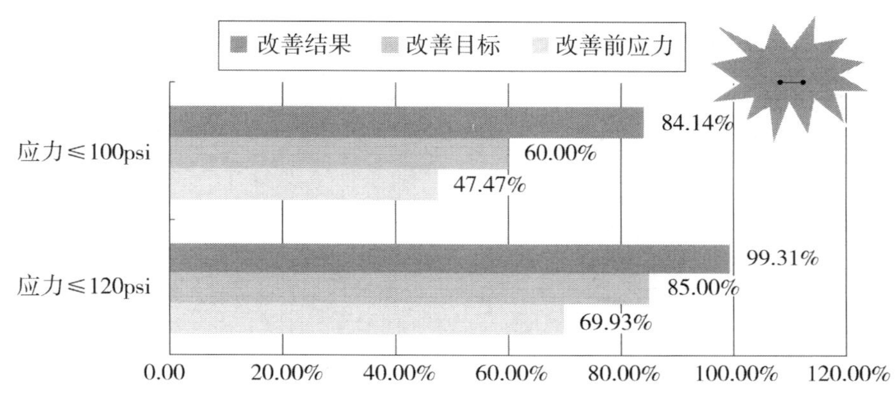

图 9-12　应力改善前后对比

1）确定质量关键点（CTQ）

成立改善团队，找出问题的质量关键点（CTQ）（图 9-13）。

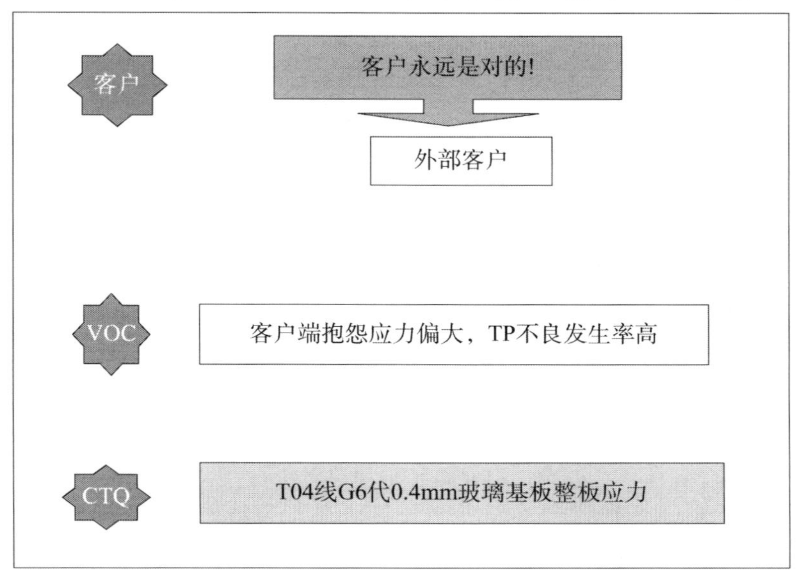

图 9-13　质量关键点（CTQ）

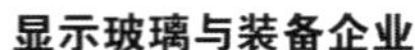

2)测量系统分析

通过对测量系统分析(MSA)确定测量系统是否满足需求(图 9-14)。

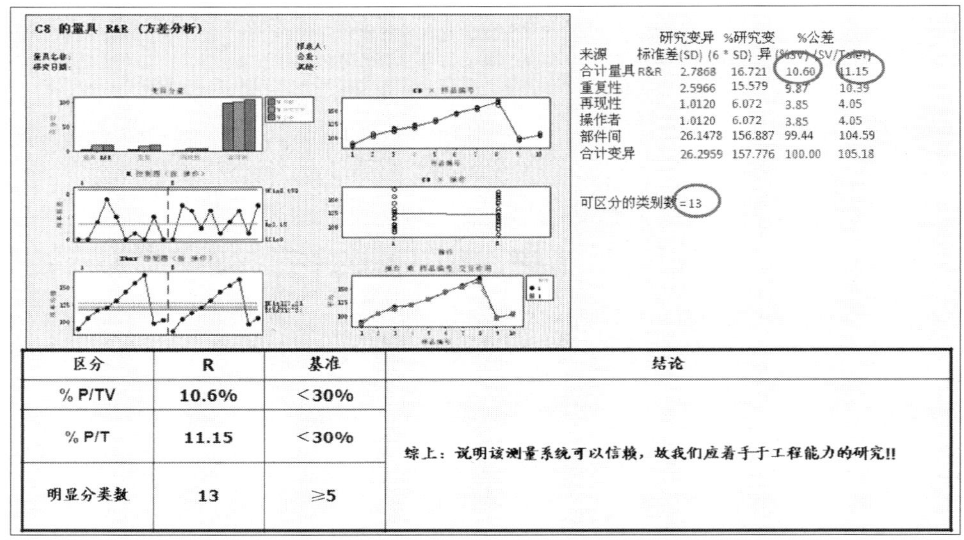

来源	标准差(SD)	研究变异(6 * SD)	%研究变异(%SV)	%公差(SV/Toler)
合计量具 R&R	2.7868	16.721	10.60	11.15
重复性	2.5966	15.579	9.87	10.39
再现性	1.0120	6.072	3.85	4.05
操作者	1.0120	6.072	3.85	4.05
部件间	26.1478	156.887	99.44	104.59
合计变异	26.2959	157.776	100.00	105.18

区分	R	基准	结论
% P/TV	10.6%	＜30%	综上：说明该测量系统可以信赖，故我们应着手于工程能力的研究!!
% P/T	11.15	＜30%	
明显分类数	13	≥5	

图 9-14 测量系统分析(MSA)

3)原因查找

通过图 9-15 从人、机、料、法、环方面找出影响应力的因子,然后运用表 9-7 对应力影响重要性进行评估,最终运用图 9-16 找出影响应力的 5 个重要因子(3 号辊转动不畅、退火温度场不稳定、2 号辊凸台直径、2 号辊月牙板距离不统一、LE 掰板晃动大)。

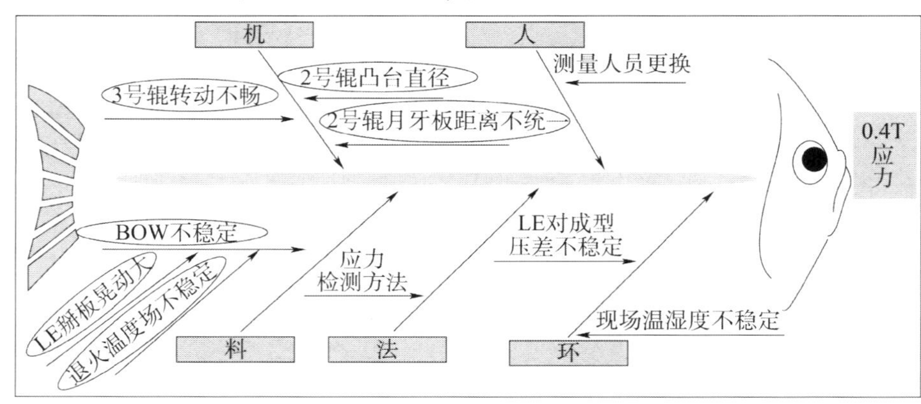

图 9-15 影响应力因子的鱼骨图

影响应力因子的因果矩阵 表 9-7

评分标准：0 = 与过程结果无关；1 = 与过程结果仅有轻微影响；3 = 与过程结果有中度影响；9 = 与过程结果有直接或重大影响。							
输入变量(*X*)			输出变量(*Y*:应力)				因果关系
			10	3	3	1	
序号	工序	过程输入(*X*)	A	B	C	D	Total
1	成型	3 号辊转动不畅	9	9	9	9	153
2	成型	2 号辊月牙板距离不统一	9	9	9	3	147
3	LE	LE 掰板晃动大	9	9	3	3	129
4	成型	退火温度场不稳定	3	9	9	9	93
5	成型	2 号辊凸台直径	9	9	3	3	129
6	成型	现场温湿度不稳定	3	3	3	3	51
7	成型	现场压差不稳定	3	1	3	1	43
8	品保	测量人员变换	1	3	3	1	29

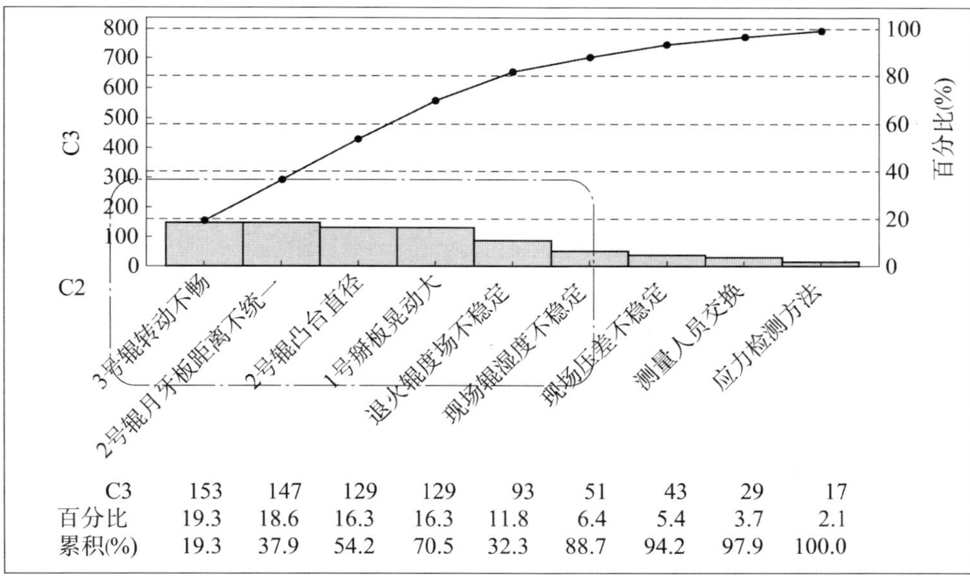

C3	153	147	129	129	93	51	43	29	17
百分比	19.3	18.6	16.3	16.3	11.8	6.4	5.4	3.7	2.1
累积(%)	19.3	37.9	54.2	70.5	32.3	88.7	94.2	97.9	100.0

图 9-16 影响应力因子的柏拉图

4）对策阶段

运用快赢对 5 个重要因子进行改善并确认效果。

（1）快赢措施实施（表 9-8 ~ 表 9-11）。

优化横切机掰板状态快赢措施　　表 9-8

工序	LE 热切	优化横切机掰板状态	改善类别	技术	管理	设备	材料	费用	其他
改进对象	机器人掰板运作			√					
改善前			改善后						
机器人掰板后玻璃板晃动大,应力波动大,机器人掰板后撤速度快			掰板后玻璃板晃动明显减小,降低掰板机器人掰板后撤速度						
问题点：机器人掰板动作直接影响玻璃板晃动,干扰应力的稳定性,0.4mm 基板对掰板要求较高,机器人掰板后撤速度快导致玻璃板晃动快			改善内容：机器人掰板后撤速度降低 6mm/s						
改善效果：调整机器人掰板后撤速度后,玻璃板晃动减小,应力稳定性增强									

3 号分体式牵引辊改造快赢措施　　表 9-9

工序	成型	3 号分体式牵引辊改造	改善类别	技术	管理	设备	材料	费用	其他
改进对象	3 号分体式牵引辊					√			
改善前			改善后						
问题点：老式的 3 号分体式牵引辊轴承位置完全敞开,玻璃粉尘易聚集;无冷却装置,轴承滚珠易受热变形,使用一周左右,就会出现因轴承运转不畅而引起的 3 号辊停转甚至卡死,而因此被迫更换 3 号辊,严重影响生产效率及成形工艺的稳定性			改善内容：1.3 号辊支撑座增加密封罩,避免玻璃粉尘等杂物侵入轴承处 2. 在密封罩侧面开孔,接入冷却空气对轴承位强冷 3. 空心底座技改为实心底座,耐高温、不易变形						
改善效果：大幅度延长了 3 号辊的使用寿命,减少了 3 号辊的更换频次(改善前 20d/次、改善后 70d/次),3 号辊卡顿现象消失,成型工艺的稳定性增强,玻璃基板品质的一致性明显提高									

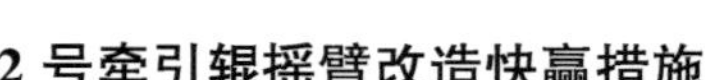

2 号牵引辊摇臂改造快赢措施 表 9-10

<table>
<tr><td>工序</td><td>成型</td><td rowspan="2">2 号牵引辊摇臂改造</td><td rowspan="2">改善类别</td><td>技术</td><td>管理</td><td>设备</td><td>材料</td><td>费用</td><td>其他</td></tr>
<tr><td>改进对象</td><td>2 号辊摇臂</td><td></td><td></td><td>√</td><td></td><td></td><td></td></tr>
<tr><td colspan="3">改善前</td><td colspan="7">改善后</td></tr>
<tr><td colspan="3">问题点
老式的 2 号辊月牙板与炉壁间隙仅靠螺栓 1、螺栓 2 调整与定位，但两点无法确定一个面，导致月牙板与炉壁间隙出现一头大一头小现象，每次换辊后，调整时间长，难度大，严重影响玻璃基板品质及成型工艺一致性</td><td colspan="7">改善内容
在月牙板上增加螺栓 3、螺栓 4 两个定位点，使月牙板整个面由 4 个螺栓来调整定位，使月牙板的调整更精确、快捷</td></tr>
<tr><td colspan="10">改善效果
使用改善后月牙板结构，更换 2 号牵引辊时，能保证更换前后的月牙板与炉壁间隙完全等距，消除了因月牙板间隙变化而引起的退火炉温度异常波动，保证换辊前后工艺一致性，增强了应力的稳定性，拓宽了成型工艺带</td></tr>
</table>

优化稳定 BOW 型快赢措施 表 9-11

<table>
<tr><td>工序</td><td>成型</td><td rowspan="2">优化稳定 BOW 型</td><td rowspan="2">改善类别</td><td>技术</td><td>管理</td><td>设备</td><td>材料</td><td>费用</td><td>其他</td></tr>
<tr><td>改进对象</td><td>退火梯度</td><td>√</td><td></td><td></td><td></td><td></td><td></td></tr>
<tr><td colspan="3">改善前</td><td colspan="7">改善后</td></tr>
<tr><td colspan="3">退火炉 C4-C9 区功率未完全匹配，退火梯度未达到最佳，BOW 型偶有波动，应力≤100psi、120psi 占比低且不稳定</td><td colspan="7">0.4mm 基板退火功率合理，达最佳退火梯度，BOW 型稳定</td></tr>
<tr><td colspan="3">问题点
0.4mm 基板退火梯度未达最佳，应力偶有波动，应力≤100psi、120psi 占比低且不稳定</td><td colspan="7">改善内容
重新匹配 C4-C9 区功率，优化退火梯度</td></tr>
<tr><td colspan="10">改善效果
0.4mm 基板应力≤100psi、120psi 占比上升明显且稳定</td></tr>
</table>

（2）改善结果确认。

5）控制阶段

将改善结果进行文件标准化并监控，并采取措施巩固改善成果。

(1)针对0.4mm基板耳料厚度偏薄，持续置换A1U、A1C、A1L功率，增加A2棒功率，提升砖尖温度，减少异常发生率。

(2)固化0.4mm基板C4-C9退火功率，稳定BOW型，未经本线担当批准，禁止修改。

(3)编制《芜湖东旭牵引辊验收标准》(图9-17)，并固化0.4mm产线上机2号牵引辊直径。

東旭集团 TUNGHSU GROUP 芜湖东旭光电科技有限公司 WUHU TUNGHSU PHOTOELECTRIC SCIENCE & TECHNOLOGY CO.,LTD		文件编号	WT-WI-0500-020	版次	A/2
		编制日期	2016-11-20	页次	1/7
文件名称	芜湖东旭牵引辊验收标准	编制部门	熔配成型一部	保密	B

1 目的

确保上机牵引辊质量，提高上机成功率，稳定生产。

2 范围

本规定适用于熔配成型一部成型工序。

3 相关文件

《东旭集团退火炉用牵引辊验收标准》(Q/DXJ0101B-2012)

4 定义

无

5 职责

本文件的规程归熔配成型一部成型工序管理和实施。

6 管理内容

6.1 1号牵引辊验收标准

6.1.1 冷态验收标准

图9-17 《芜湖东旭牵引辊验收标准》

(4)固化2号牵引辊月牙板与炉体距离，纳入班长日常点检项目，在交接班本上记录，技改2号辊摇臂专利目前申报中，已平行开展至其他线。

(5)气冷式3号分体牵引辊，已提交专利，已平行开展至其他线。

五、案例5

1. 方法名称

“高品质、高标准、零缺陷”质量管理方法。

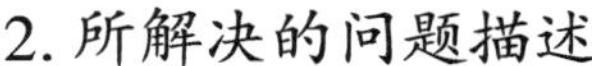

2. 所解决的问题描述

问题名称:精密切割工艺良品率未达到极高水平。

基板玻璃生产线的精密切割机为东旭自主研发设计,长期使用后发现,尚存在如下不足:边缘直线度偶发超差,约0.5‰;偶有崩边、掉片、掰不断现象,概率极低;偶发有污渍、划伤现象,概率极低。

经过大量数据的对比分析,发现该类缺陷产生的部分原因为设计质量问题。这些问题严重影响了加工品质,阻碍了产线的达产进度。为提升制造质量,更好地为用户服务,特组织对此问题进行专题优化。

3. 问题原因分析

设计团队对设计质量进行研究分析,发现存在如下问题。

(1)所设计的刀架刚性偏低、配合间隙不合理,划线时刀架晃动,造成划线工艺过程稳定度降低,直线度超差。

(2)所选不锈材料的抗弯强度裕量小,设计时未对该问题进行充分考虑,掰断杆在使用一段时间后,有弯曲变形现象,该现象造成掰断时偶发的掰断不良。

(3)从动辊设计时,为追求密度低、安装方便,选用材料为铝合金。但经过长期使用后,由于传送皮带与从动辊长期摩擦,铝合金材料易掉落黑色粉末,并黏附到皮带上。随着真空和压缩空气吹气,造成玻璃表面污染。设计时未能充分考虑此问题。

4. 问题解决对策

依据"高品质、高标准、零缺陷"质量管理方法,设计团队对精密切割机的设计方案进行优化、从装置结构、材料选择、附属机构进行了重新研讨和校核,通过如下手段优化了设计质量。

(1)对原刀架设计进行了结构和材质的优化,增加了刀架刚性,高标准要求零件公差及加工精度,改善了直线度超差问题。

(2)掰断杆优化设计,结构上进行了优化,并选择更高抗弯强度裕量,降低了杆弯曲蠕变,降低了偶发的掰断不良。

(3)虽然可通过要求设备操作人员勤于打扫来解决偶发有污渍、划伤问题。但依据零缺陷的管理方法，设计团队对传送带从动辊进行了优化，利用45号钢代替铝合金作为从动辊材料，提高了零件表面硬度，避免了黑色粉末黏附到皮带上的现象，解决了污渍和颗粒升高的问题。

5. 创新解决问题的成效

经过对精密切割机设计质量的一系列优化设计和提升，解决了原有直线度偶发超差、崩边、掉片、掰不断现象，出现概率已近乎不可见。设备运行连续运行2年后，不良率仍低于5%。

6. 质量工法创新概述

“高品质、高标准、零缺陷”质量管理方法用于高端装备的设计中，在产品生命周期的源头设计环节，即要求考虑长期使用时面临的各项问题。东旭应用该方法，对精密切割机设计质量进行了一系列优化设计和提升：对原刀架设计进行了结构和材质的优化，增加了刀架刚性，高标准要求零件公差及加工精度；对掰断杆的结构进行了优化，并选择更高抗弯强度裕量；利用45号钢代替铝合金作为从动辊材料，提高了零件表面硬度。进行上述优化措施后，提升了精密切割机的设计质量，解决了原有直线度偶发超差、崩边、掉片、掰不断现象，出现概率已近乎不可见。设备运行连续运行2年后，不良率仍处于5%以下。综上，追求高品质，以高标准的要求慎重研讨设计方案、以零缺陷的要求避免设计中的不足，才能满足高端装备的要求。

参 考 文 献

[1] 杜长征. 国企核心理念塑造与战略认同提升——以中国电子为例[J]. 企业管理,2021(01):87-89.

[2] 陈爱蓉. 新时代企业供应链管理的优化策略[J]. 中外企业文化,2020(10):45-46.

[3] 侯军. 基于战略视角的企业项目管理模式分析与探究[J]. 科技经济导刊,2020,28(21):188-189.

[4] 何涛志. 基于差异化战略下的企业管理战略探析[J]. 农村经济与科技,2020,31(02):193-194.

[5] 吴征宇. 探讨战略人力资源管理对企业绩效的影响[J]. 就业与保障,2020(01):175-176.

[6] 许静. 浅谈六西格玛精益生产管理法在企业质量管理中的应用[J]. 商讯,2019(28):124.

[7] 何丽美. 六西格玛方法在 M 公司产品质量改进方面的研究[D]. 天津:天津工业大学,2019.

[8] 赵亮. 六西格玛方法运用于流通合格率提升实践[J]. 中外企业家,2018(33):22-23.

[9] 余跃. 智能化质量管理在机械制造业的应用[J]. 科技风,2020(03):163.

[10] 饶开秀. A 公司产品开发流程优化与研究[D]. 厦门:厦门大学,2019.

[11] 黄莎. 加工制造企业的质量管理体系研究[J]. 科技风,2012(22):253.

[12] 郭曼莉. 中国制造业质量管理之道[J]. 中国制造业信息化,2012,51

(18):42-43.

[13] 韩大延. 基于卓越绩效的甘肃省制造业质量管理现状的评价研究[D]. 兰州:兰州理工大学,2012.

[14] 徐剑. B公司精益质量管理的研究[D]. 武汉:华中科技大学,2017.

[15] 林婉珍. 质量管理五要素在制造业质量保证体系建设中的融入[J]. 现代商业,2015,000(020):134-135.

[16] 黄川. 全面质量管理方法在汽车制造业的运用——以江铃汽车全面质量管理运用为例[J]. 南方农机,2014,000(006):9-11.

[17] 徐冬明. 中国制造企业质量管理成熟度实证研究[D]. 天津:天津大学,2014.

[18] 刘海佩,刘维忠. 企业全面质量管理思考[J]. 合作经济与科技,2021(02):94-95.

[19] 李凯. 全面设计质量管理创新探索[J]. 上海质量,2020(12):18-20.

[20] 白羽. 基于全面质量管理对A公司培训项目质量提升的研究[D]. 北京:北京化工大学,2019.

[21] 徐杏娟,付月永,杨彬,等. 加强质量管理 提升企业效益[J]. 石油工业技术监督,2019,35(11):26-27+32.

[22] 段一泓. 面向未来的中国全面质量管理[J]. 中国质量,2019(09):95-101.

[23] 赖文娟,曾刊. 基于全面质量管理的GJB 9001C质量管理体系建设与实践研究[J]. 中国管理信息化,2019,22(16):130-132.

[24] 杨幽红,宋明顺. 全面创新质量管理——一个整合性概念[J]. 科技管理研究,2019,39(10):243-247.

[25] 牛璟洋. 全面质量管理系统的设计与实现[D]. 大连:大连海事大学,2018.

[26] 刘宏恩. HB公司全面质量管理体系优化研究[D]. 哈尔滨:哈尔滨工业大学,2018.

[27] 程贤杏,程丹. 全面质量管理在建筑工程质量管理的应用[J]. 工程

技术研究,2016(08):185+192.

[28] 李晓飞. 智能制造时代的企业全面质量管理推进[J]. 中国工业和信息化,2020(05):28-33.

[29] 谭芳. MES环境下的企业质量管理方法探究[J]. 装备制造技术,2020(05):265-269.

[30] 罗维. 系统全周期管理方法模式[J]. 中小企业管理与科技(中旬刊),2019(09):52-53+61.

[31] 邓苹,江国梁,刘海华. 新型质量技术管理方法的研制[J]. 科技创新与应用,2019(22):190-191.

[32] 张波,刘勇,何伟,倪进,覃雪群. 质量管理体系文件、规章制度和标准融合方法研究[J]. 质量与可靠性,2019(03):41-43+48.

[33] 沈方达,胡振强,陈曦. 质量管理体系分级量化评价方法[J]. 信息技术与标准化,2019(06):67-70.

[34] 赵琪. 基于MCMC方法的客户满意度的Bayes估计[J]. 电脑知识与技术,2020,16(14):133-134+137.

[35] 魏珊,徐桂琴. 大数据环境下客户洞察与市场营销策略研究综述及展望[J]. 农村经济与科技,2018,29(08):131-132.

[36] 刘瑜,张九鼎. 从计量营销角度看市场细分与客户获取成本[J]. 中国市场,2018(07):6-10.